Rolke

Dietger Feiks/Ella Krauß

Training Neue Rechtschreibung

5./6. SCHULJAHR

BEILAGE: LÖSUNGSHEFT

Ernst Klett Verlag
Stuttgart München Düsseldorf Leipzig

Quellennachweis:
S. 35: Irmela Brender, Vom Küchenjungen in Dornröschens Schloss.
In: Neues vom Rumpelstilzchen und andere Hausmärchen von 43 Autoren, gesammelt von H.-J. Gelberg, Weinheim-Basel (Beltz & Gelberg) 1976 (gekürzter Text). Rechte bei der Autorin.

Dieses Werk folgt der reformierten Rechtschreibung und Zeichensetzung.

Gedruckt auf Papier, das aus chlorfrei gebleichtem Zellstoff hergestellt wurde.

Die Deutsche Bibliothek – CIP-Einheitsaufnahme

Training neue Rechtschreibung. – Stuttgart ; München ;
Düsseldorf ; Leipzig : Klett
Schuljahr 5/6. Dietger Feiks/Ella Krauß. – 1. Aufl. – 1997
ISBN 3-12-922083-6

1. Auflage 1997

Zeichnungen: Sven Palmowski, Stuttgart
Satz: Kittelberger GmbH, Reutlingen
Druck: Wilhelm Röck, Weinsberg
Einband- und Innengestaltung: Bayerl & Ost, Frankfurt/M.
ISBN 3-12-922083-6

INHALT

1 Einführung

Tipps zum Erlernen der Rechtschreibung

Tipp 1: Umgang mit dem Trainingsbuch

Dieses Buch ist in der Art eines Lernprogramms gestaltet. Die einzelnen Kapitel sind jeweils nach demselben Grundschema aufgebaut:
Eingangs wirst du mit einer bestimmten Rechtschreibschwierigkeit vertraut gemacht und zum richtigen Hören angeleitet, denn ein Weg zum richtigen Schreiben führt über das richtige Hören.
Danach lernst du die Regeln kennen um die vorgestellte Rechtschreibschwierigkeit bewältigen zu können.
Nun gilt es, die Rechtschreibschwierigkeiten in immer wechselnden Aufgabenstellungen einzeln zu üben und sich die Schreibweise einzuprägen. Viele Aufgaben kannst du nicht im Buch lösen. Lege dir ein Trainingsheft zu, in dem du längere Aufgaben bearbeitest.
Anschließend kannst du deinen Lernerfolg überprüfen. Der Lösungsteil bietet dir hierbei die Möglichkeit dich selbst zu kontrollieren.

Tipp 2: Ohne Lernbereitschaft kein Erfolg

Du hast sicher schon erfahren, dass man leichter lernt, wenn die Sache Spaß macht. Du weißt ebenso, dass das Lernen nicht immer nur Freude bereitet. Oft müssen wir uns selbst überwinden und Misserfolge entmutigen uns manchmal. In diesen Fällen versuchen wir dann, uns vor dem Lernen zu drücken.
Zwischen dem Entschluss zu arbeiten und dem tatsächlichen Arbeitsbeginn geht oft viel Zeit verloren. Wir lassen uns durch das Aquarium im Zimmer, durch Musik im Radio, durch ein Gespräch, durch einen Telefonanruf, durch ein Ereignis auf der Straße u.a.m. nur allzu gern ablenken. Du solltest deshalb einmal beobachten, wie viel Zeit vom Entschluss zu arbeiten bis zum tatsächlichen Beginn vergeht. Je schneller du deine Bereitschaft zu lernen in die Tat umsetzt, umso rascher kannst du zum gewünschten Erfolg kommen.

Sobald du das selbst gesteckte Ziel erreicht hast und mit deinem Ergebnis zufrieden sein kannst, solltest du dich belohnen.

Tipp 3: Ein behaglicher Arbeitsplatz

Du musst dich an deinem Arbeitsplatz wohl fühlen. Sicher hast du Möglichkeiten den Arbeitsraum und den Arbeitstisch so zu gestalten, dass du dich gern dort aufhältst. Das kannst du durch Bilder, die Anordnung der Möbel oder durch Zimmerpflanzen weit gehend selbst beeinflussen.
Vom Arbeitsplatz selbst solltest du aber alles entfernen, was vom Lernen abhalten könnte. Dagegen muss das übliche Handwerkszeug (Bleistift, Radiergummi, Lineal, Farbstifte) stets griffbereit sein, und zwar auf dem Schreibtisch selbst oder in einem Regal in der Nähe. Ein ungeordneter Schreibtisch lenkt ab! Es sollten daher nur die Bücher, Hefte und Werkzeuge auf dem Arbeitstisch liegen, die du für die anstehende Aufgabe gerade benötigst.

Tipp 4: Lernen will geplant sein

Das vorliegende Trainingsbuch kannst du nicht an einem Stück durcharbeiten. Es würde dir wie ein Berg erscheinen, der fast unüberwindlich ist. Wenn du dir die Arbeit aber in einzelne Portionen aufteilst, kannst du die gesteckten Ziele ohne allzu große Mühe erreichen. Wie diese Portionen zu bemessen sind, hängt natürlich davon ab, wie stark du durch Schule und Hausaufgaben bereits belastet bist und wie viel Zeit du daher für die Arbeit mit diesem Buch aufbringen kannst.
Mache dir deshalb einen Arbeitsplan. Hierzu verwendest du einen Kalender oder eine Pinnwand, wo du Klassenarbeiten, Wiederholungsarbeiten oder wichtige Freizeittermine einträgst. Danach kannst du dann die Zeiten für die Arbeit mit dem Trainingsbuch einplanen. Bedenke hierbei, dass weniger, aber regelmäßiges Arbeiten, oft mehr ist!
Beim Rechtschreiben führen vor allem **regelmäßige** kurze Übungszeiten von 15–25 Minuten Dauer zum Erfolg. Sie bringen mehr als stundenlanges, aber seltenes Üben!

Tipp 5: Ohne Konzentration geht es nicht

Du wirst beim Rechtschreibtraining nur dann Erfolg haben, wenn du dieser Tätigkeit deine ungeteilte Aufmerksamkeit widmest. Das heißt, du musst dich voll auf die Sache konzentrieren.

Bedenke auch, dass nicht jede Tageszeit für konzentriertes Arbeiten gleich gut geeignet ist. Während wir am Vormittag und am Nachmittag ein ausgesprochenes Leistungshoch haben, liegt etwa in der Zeit zwischen 13.00 Uhr und 15.00 Uhr ein Leistungstief. Bei der Arbeitsplanung solltest du dieses Leistungstief möglichst ausklammern.
Du kannst dich zudem nur 25–30 Minuten voll auf eine Sache konzentrieren. Danach solltest du eine Pause von einigen Minuten einlegen.

Tipp 6: Alles Geschriebene will überprüft sein

Ohne Überprüfung können Fehler nicht entdeckt werden. Das ist beim Rechtschreiben besonders schlimm, denn ohne Überprüfung können sich möglicherweise falsche Schreibweisen einprägen. So wirst du um einen Übungserfolg gebracht und alle Mühe war umsonst!
Die Lösung jeder Aufgabe findest du im Lösungsheft, das in dieses Trainingsbuch lose eingelegt ist.

Tipp 7: Das Vergessen muss nicht sein

Du hast schon vieles gelernt, manches davon hast du allerdings sehr bald wieder vergessen. Dem Vergessen kannst du dadurch begegnen, indem du den erarbeiteten Lernstoff wiederholst.
Es hat sich dabei bewährt, einen Lernstoff nach dem ersten Lernen
- nach 1–2 Tagen,
- dann nach einer Woche und
- schließlich nach einem Monat zu wiederholen.

Wenn du einen Arbeitsplan aufstellst, solltest du für die Wiederholung Zeit einplanen und dabei immer größere Zeitabstände vorsehen.
Eine von dir selbst angelegte Rechtschreibkartei kann dir dabei helfen. Du gehst dabei so vor: Du nimmst einen kleinen Pappkarton und unterteilst ihn in fünf Fächer. Das erste Fach ist das kleinste, das zweite wird etwas größer usw. (s. unten stehendes Schema).

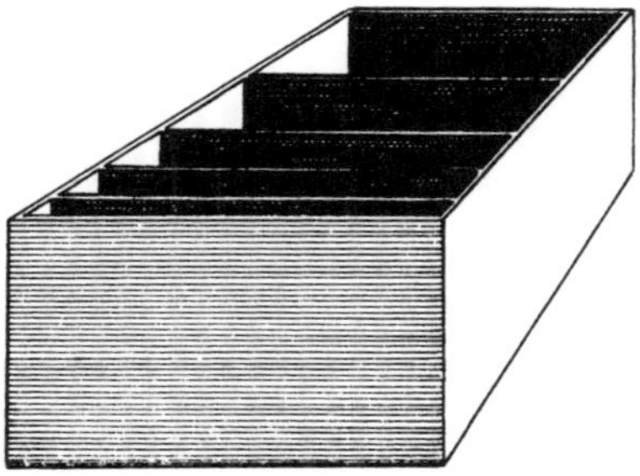

Nun legst du dir für diesen Karton passende Karteikarten an. Du schreibst auf diese Karteikarten Übungen aus dem Trainingsbuch, die dir Schwierigkeiten bereitet haben. Auf der Rückseite der Karten vermerkst du die Lösung. Diese Karten kommen in das Fach 1 deiner Lernkartei. Wenn du eine Rechtschreibkarte am anderen Tag richtig bearbeitet hast, kommt die Karte in das zweite Fach. Fach 2 wird erst bearbeitet, wenn es voll ist. Alle richtig bearbeiteten Karten kommen ins Fach 3. Hast du eine Lösung nicht gewusst, ein Wort falsch geschrieben, dann wandert die Karte wieder ins Fach 1. Wenn eine Karte alle Fächer in immer größer werdenden Abständen durchwandert hat, dann sitzt diese Rechtschreibschwierigkeit und du kannst die Karte endgültig aus deiner Kartei entfernen.
Das ist der Weg einer Karte:

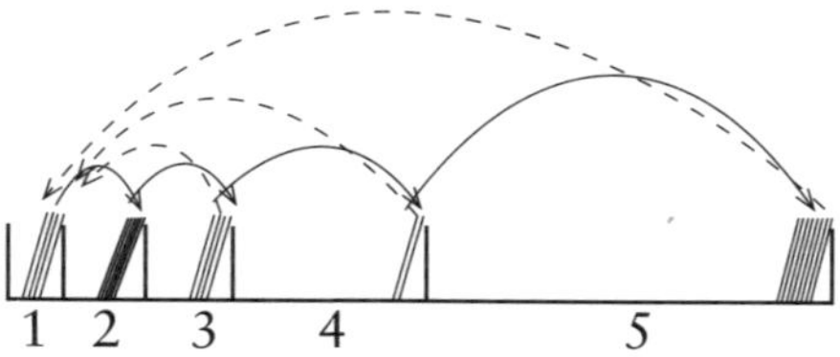

Wanderweg einer Karteikarte mit einer gemerkten (⟶) und einer vergessenen (⇠------) Übung.

Die einzelnen Übungsaufgaben des Trainingsbuches können also mehrmals in immer größeren Zeitabständen durchgearbeitet werden. So wirst du zunehmend sicherer beim Rechtschreiben.

Tipp 8: Fehler sinnvoll berichtigen

Fehler müssen sinnvoll berichtigt werden um dem Einprägen falscher Schreibweisen vorzubeugen.
Deshalb ist das falsch Geschriebene wiederholt richtig zu schreiben. Du kannst dir hierzu Verbesserungsübungen selbst ausdenken. Folgende Beispiele können dir helfen:

1. Beispiel:
Du hast **Fährmann** falsch geschrieben, z.B. das **h** vergessen.
Nun suchst du und schreibst in diesem Fall weitere Wörter mit der Stammsilbe **fahr** und **fähr** auf:

Fahrwerk, fahren, Fährte, Gefährt, Fahrwasser, ausfahren, er fährt.

Diese Wörter benutzt du nun in Sätzen: Der Fährmann fuhr über den stürmischen See …

2. Beispiel:
Du hast **folgsam** falsch geschrieben, z.B. ein **h** bei **-sam** eingefügt.
Nun suchst du weitere Wörter mit der Nachsilbe **-sam**:

erholsam, biegsam, anschmiegsam, geruhsam, furchtsam, schweigsam

Der Spaziergang ist sehr erholsam.

Wenn du diese Tipps beachtest, wirst du bald weniger Rechtschreibfehler machen und ein Rechtschreibmeister werden. Vielleicht gewinnst du auch Freude im Umgang mit den verschiedenen Übungsformen.

Dazu wünschen wir dir alles Gute und viel Erfolg!

2 Kennzeichnung lang gesprochener Vokale

AUFGABE 1

Lies die Wortpaare laut und deutlich.
Achte dabei auf die Aussprache der Vokale.

Gramm – Gram	Stiel – still	eben – Ebbe
Hüte – Hütte	füllen – fühlen	irre – ihre
Hof – hoffen	stehlen – stellen	quieken – erquicken
kann – Kahn	satt – Saat	Barren – Bahre
Ruhm – Rum	Staat – statt	Hölle – Höhle
innen – ihnen	alle – Aale	beten – Betten
wir – wirr	lahm – Lamm	Ratte – raten

Du hast beim Lesen sicher gemerkt, dass manche Vokale lang, andere aber kurz gesprochen werden. Wer richtig schreiben will, muss zunächst lang und kurz gesprochene Vokale unterscheiden können.

AUFGABE 2

Unterstreiche die lang gesprochenen Vokale in den Wortpaaren mit dem Zeichen _ und die kurz gesprochenen mit dem Zeichen . .

Du erkennst bereits, dass die Rechtschreibung der Wörter mit lang gesprochenem Vokal schwierig ist, weil es verschiedene Schreibweisen für den gedehnten Laut gibt. Im Folgenden kannst du dich eingehender mit den verschiedenen Möglichkeiten für die Kennzeichnung lang gesprochener Vokale beschäftigen.

AUFGABE 3

Die folgende Wortliste zeigt dir Wörter mit lang gesprochenem Vokal:

Märchen, Zahl, Rad, ihnen, rötlich, führen, südlich, sieden, Fähre, Ruhm, Meer, Eigentum, Lohn, Dame, Verkehr, bemoost, Wut, Stil, Söhne, dir, Ofen, Waage, sagen, verwöhnen, Biene

Ordne diese Wörter mit lang gesprochenem Vokal nach folgendem Muster in eine Tabelle in dein Übungsheft:

a, e, i, o, u, ä, ö, ü	aa, ee, oo	ah, eh, ih, oh, uh, äh, öh, üh	ie

An deiner Tabelle erkennst du, dass man die richtige Schreibweise lang gesprochener Vokale nicht allein durch das Hören finden kann. Es lässt sich aber eine allgemeine Regel ableiten:

MERKE

Kennzeichnung lang gesprochener Vokale

Lang gesprochene Vokale können verschieden gekennzeichnet sein:
- ohne besondere Kennzeichnung (z. B. Vogel),
- durch die Verdoppelung des Vokals (aa, ee, oo),
- durch die Kennzeichnung mit h (ah, eh, ih, oh, uh, äh, öh, üh),
- beim i-Laut durch die Kennzeichnung mit e (ie).

Weil die Kennzeichnung geschriebener Vokale in der deutschen Sprache so verschieden ist, musst du die unterschiedlichen Schreibweisen einzeln lernen und üben. Das wird im Folgenden schrittweise angegangen.

AUFGABE 4

Lies die folgenden Wörter laut.
Unterstreiche dabei die Wörter, bei denen das **h** mitgesprochen wird.

Fohlen, blühen, zähmen, nahen, bekehren, Hühner, drohen, fähig, kühl, hohl, Krähe, wiehern, besohlen, ziehen, rühmen, verrühren, leihen, bemühen, Köhler, ausführlich, verzeihen, Ehre, belehren, früher, Ruhe, drehen, Schuhe

Das **h** kann immer dort mitgesprochen werden, wo es die Silbenfuge bzw. die Silbentrennung deutlich macht. Als Beispiele: Kü-he, Hö-he, na-he, frü-her; in allen diesen Wörtern wird der Vokal vor dem **h** lang, der Vokal nach dem **h** kurz gesprochen.

MERKE

Silbenfugen-h

Das Silbenfugen-h wird eingefügt, wenn auf einen lang gesprochenen Vokal ein anderer kurz gesprochener Vokal folgt.

AUFGABE **5**

Lies die folgenden Wörter laut.
Unterstreiche dabei die Wörter, bei denen das **h** nicht mitgesprochen wird.

Fohlen, blühen, zähmen, nahen, bekehren, Hühner, drohen, fähig, kühl, hohl, Krähe, wiehern, besohlen, ziehen, rühmen, verrühren, leihen, bemühen, Köhler, ausführlich, verzeihen, Ehre, belehren, früher, Ruhe, drehen, Schuhe

Sieh dir die unterstrichenen Wörter noch einmal genau an! Dabei wird dir etwas auffallen. Das **h**, das einen langen Vokal kennzeichnet, steht in allen Fällen vor den Konsonanten **l, m, n,** und **r**.

MERKE

h nach l, m, n oder r

Wenn einem langen Vokal einer der Konsonanten l, m, n oder r folgt, wird meistens ein h eingefügt.

AUFGABE **6**

In den folgenden Beispielen ändert sich die Form von Wörtern, die ein **h** im Wortstamm haben. Lies sie aufmerksam durch.

früher → früh → Frühling → Frühjahr → Frühaufsteher

nahe → nah → Nahaufnahme → Nahverkehr

Kühe → Kuh → Kuhhaut → Kuheuter

befehlen → du befiehlst → er befahl → es war befohlen

fahren → er fuhr → du fährst → fahrig → Gefährte

MERKE

Beibehaltung des h im Wortstamm

Das h eines Wortstammes bleibt auch dann erhalten, wenn sich die Form des Wortes ändert.

Die Kennzeichnung der langen a-, e-, o-, u-, ä-, ö- und ü-Laute

Das folgende Horoskop wird dir zwar nichts über deine Zukunft verraten, aber es kann dich in die Kennzeichnung lang gesprochener Laute einführen.

Waage (29.9. bis 23.10.)
Bald wirst du ein paar schöne Tage erleben. Wenn du in dieser Zeit an die See fährst, nutze die Gelegenheit zu einer Kahn- oder Bootsfahrt. Bleibe aber vorsichtig, denn Übermut tut selten gut!

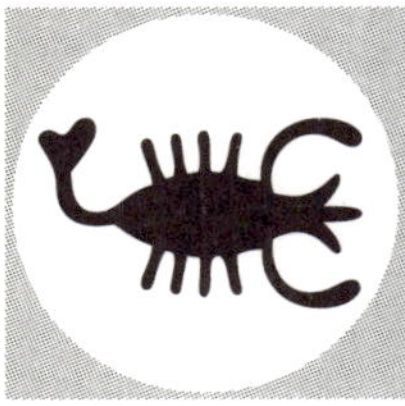

Skorpion (24.10. bis 22.11.)
Nimm das Leben von der heiteren Seite und verscheuche trübe Gedanken. Lass die Seele baumeln und verwöhne dich nach den Enttäuschungen der letzten Zeit mit schönen Dingen!

Schütze (23.11. bis 21.12.)
In der nächsten Zeit kannst du das große Los ziehen. Leichtsinn wäre aber gefährlich und könnte dein Glück jäh beenden. Lass dich durch deine Freunde nicht zu unüberlegtem Tun verführen!

Steinbock (22.12. bis 20.1.)
Bald steht Streit ins Haus. Behalte einen kühlen Kopf und versöhne dich so bald wie möglich. Nur so wirst du der Überlegene bleiben!

AUFGABE 7

Lies das Horoskop laut und deutlich. Ordne die Wörter mit lang gesprochenem Vokal nach folgender Tabelle in dein Trainingsheft.

lang gesprochene Vokale ohne besondere Kennzeichnung: a, e, o, u	lang gesprochene Vokale, die durch ein eingeschobenes **h** gekennzeichnet sind: ah, eh, oh, uh, äh, öh, üh	lang gesprochene Vokale, die durch eine Verdoppelung von aa, ee, oo gekennzeichnet sind

Lang gesprochene Vokale ohne besondere Kennzeichnung

AUFGABE 8

Bilde Reime. Schreibe sie auch in dein Trainingsheft.

Vase	plagen	Schnaken	haben
N________	j ________	L ________	R________
B ________	w________	qu________	l ________

AUFGABE 9

Löse das folgende Rätsel.

1					
2		E		E	
3			G		
4		E		E	
5					

1 Dunst
2 Gerät zum Kehren
3 oben spitz zulaufender geometrischer Körper
4 Windtuch für Wasserfahrzeuge
5 Tierhaut

AUFGABE 10

Im magischen Kreis haben sich viele Wörter versteckt. Suche mindestens acht Wörter. Schreibe sie auch in dein Trainingsheft.

AUFGABE 11

Bilde zusammengesetzte Wörter. Ein oberes und ein unteres Dreieck gehören jeweils zusammen.

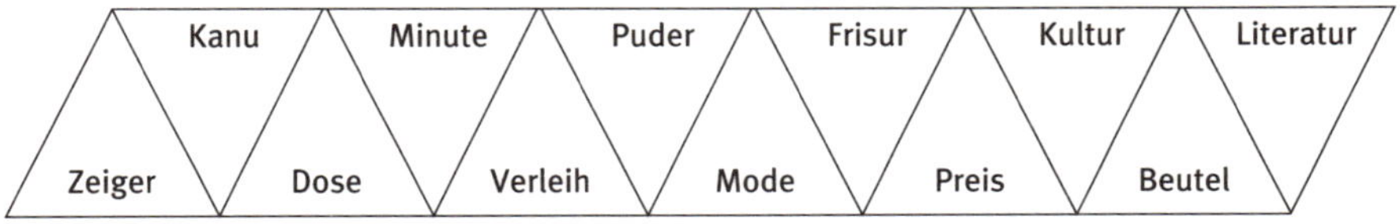

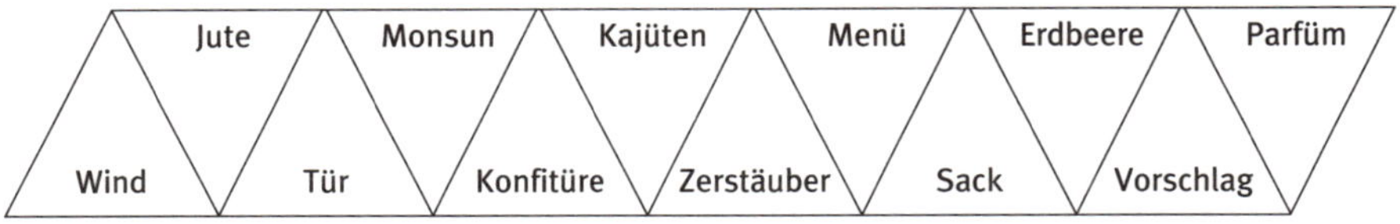

AUFGABE 12

Übertrage die Wörter der folgenden Worttraube in dein Trainingsheft.

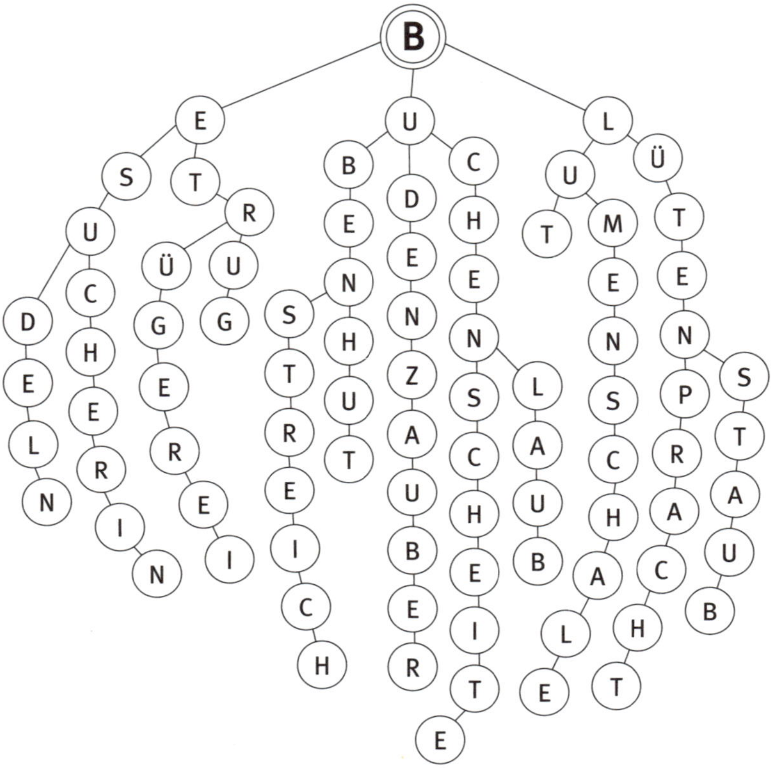

Lang gesprochene Vokale mit eingeschobenem h

AUFGABE 13

Bilde Reime.

Bahn	kahl	lahm	fahren	mahlen
H_____	Pf_____	R_____	verw_____	pr_____
K_____	W_____	z_____	aufb_____	str_____
Z_____	Z_____			z_____

lähmen	wählen	ernähren	erwähnen
z_____	verm_____	gew_____	g_____
	st_____	verj_____	Str_____

AUFGABE 14

Mit den Wortbausteinen kannst du Wörter bilden. Schreibe möglichst viele in dein Trainingsheft.

ein | an | auf | aus | ab

be | er | un

zahl | zähl

en

bar | ig | los

e | er | in | ung

AUFGABE 15

Schreibe ein Wort unter das andere. Ändere jeweils nur den angegebenen Buchstaben. Bei richtiger Lösung muss das letzte Wort **Kahn** heißen.

M	o	h	n
L			
S			
H			
	u		
	a		
W			
			l
	o		
h			
K			
k	a		
Z			
f			

St			
Pf			
M			
	e		
m			r
M	o		
R			
	u		m
	a		
l			
z			
Z			n
B			
K			

AUFGABE

16 Im Buchstaben-Irrgarten haben sich zehn Wörter versteckt. Folge immer den Wegen auf dem Plan rechts und du findest sie. Schreibe alle in dein Trainingsheft.

E	B	F	Ü	H	L	E
R	L	E	N	S	T	R
Ü	H	K	Ü	H	U	H
H	Ü	Ü	S	L	E	L
M	W	H	R	U	N	L
T	R	N	M	H	H	E
A	E	E	N	H	U	H
U	Z	B	Ü	H	N	N
F	R	U	H	R	E	E

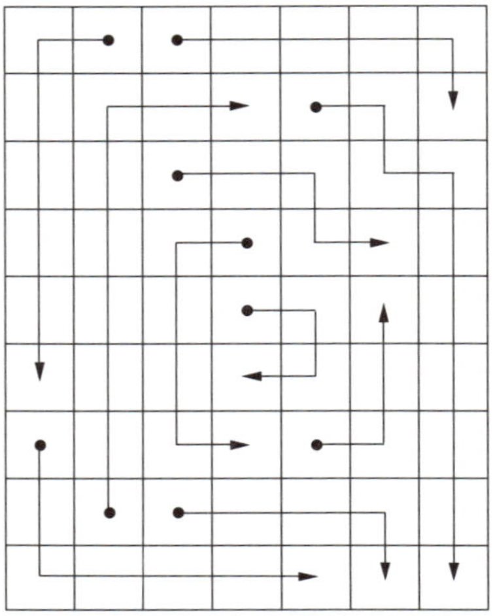

AUFGABE

17 Fülle die Wortpyramide aus.

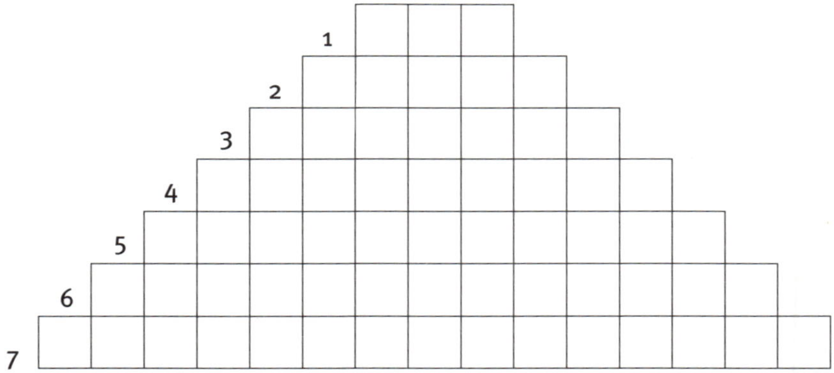

1 Zeitmesser
2 Gerät zum Zerkleinern von Getreide
3 jemand ist bekannt und geehrt
4 Fußbekleidung für Bergwanderungen
5 ein Bericht ist gründlich, umfassend, lang oder . . .
6 zu entrichtender Geldbetrag bei Warentransport ins Ausland
7 21. März als Beginn einer Jahreszeit

AUFGABE 18

Bilde aus den Wortbausteinen des Märchenbaumes Wörter und schreibe sie in dein Trainingsheft.
Dabei kommt in jedem Wort die Stammsilbe **führ** vor.
Wortbausteine aus der Baumkrone stehen am Anfang und Wortbausteine des Falllaubes am Ende eines Wortes.

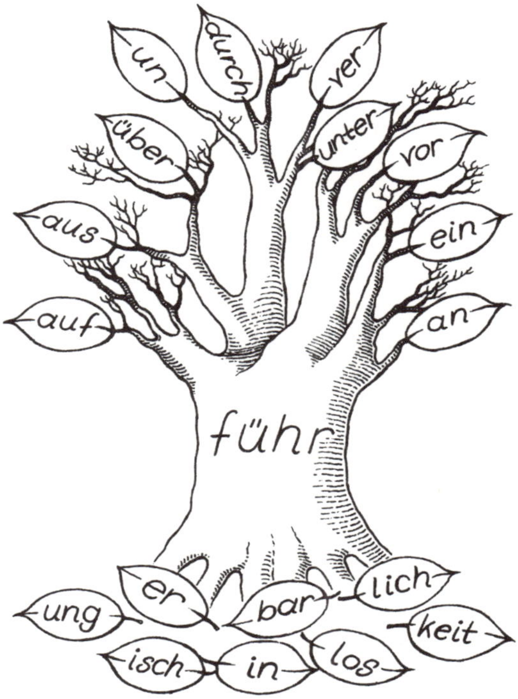

Durch Verdoppelung gekennzeichnete lange Vokale

MERKE

Verdoppelung nach lang gesprochenem Vokal

Es gibt nur wenige Wörter, in denen der lang gesprochene Vokal durch die Verdoppelungen aa, ee oder oo gekennzeichnet ist.

aa: Aal, Aas, Haar, paar, Paar, Saal, Saat, Staat, Waage
ee: Beere, Beet, Fee, Heer, Klee, scheel, Schnee, See, Seele, Speer, Tee, Teer
dazu Fremdwörter mit ee im Wortausgang: Armee, Idee, Kaffee, Klischee, Tournee, Püree
oo: Boot, doof, Moor, Moos, Zoo

AUFGABE **19**

Setze die Wörter zusammen und schreibe sie in dein Trainingsheft.

Eltern	Paar / paar	hufer
Ehe		lauf

Haupt	Haar / haar	tracht
Bart		farbe

Winter	Saat / saat	getreide
Zwischen		beet

König(s)	Saal / saal	ordner
Tanz		tür

Fluss	Aal / aal	suppe
See		fang

Ameisen	Staat / staat	(s)bahn
Insel		(s)besuch

AUFGABE **20**

Suche die Wörter mit aa und ä im Wörterversteck. Umrahme sie mit einem Buntstift. Schreibe sie in dein Trainingsheft.

O	S	Ä	L	E	Y	I	G
P	Ä	R	C	H	E	N	L
X	M	O	L	I	N	F	R
W	A	X	P	S	Ä	E	N
A	N	N	A	F	X	H	S
A	N	I	A	A	S	K	A
G	Q	S	R	I	L	J	A
E	I	S	S	T	A	A	T

Auch die Wörter aus dem Wörterversteck zeigen dir, dass sich aus **aa** kein doppeltes **ä** ableiten lässt. Das erkennst du bei der Pluralform **Säle** ebenso wie an der Verkleinerungsform **Pärchen.** Auch andere Ableitungen von einem Wort mit **aa** werden nur mit **ä** geschrieben. Im Wörterversteck trifft dies auf **Saat – säen** zu; ebenso lässt sich ableiten: **Saat – Sämann** oder **Waage – abwägen.**

AUFGABE 21

Hier ist etwas durcheinander geraten. Schreibe die Wörter richtig in dein Trainingsheft.

Meerfass	Märchenbeere	Kaffeespitze
Lorbeersalz	Bodenfee	Speerglas
Teerblatt	Erdsee	Geleesieb

AUFGABE 22

Löse das folgende Rätsel:

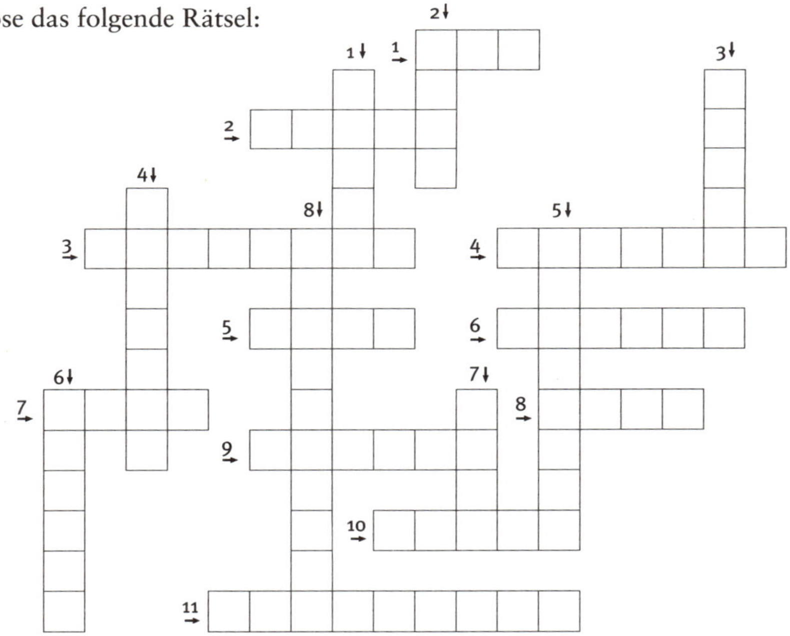

Waagerecht:

1 Getränk
2 eingedickter Fruchtsaft
3 Wasserfläche zwischen Deutschland, Österreich und der Schweiz
4 immergrüner Strauch
5 etwas ohne Inhalt ist ...
6 zu Kristallen gefrorene Wassertropfen
7 kleines Feld mit Blumen
8 Gedanke, Einfall
9 Lauchgemüse
10 Kartoffelbrei
11 verwüsten

Senkrecht:

1 mit Bäumen gesäumte Straße
2 Straßenbelag
3 Streitmacht eines Landes
4 islamisches Gotteshaus
5 Blütenpflanze aus den Tropen
6 Früchte an Sträuchern
7 große Wassermenge auf der Erde
8 geistlicher Betreuer

MERKE

Gleich gesprochen – unterschiedlich geschrieben

Folgende Wörter werden gleich gesprochen; sie werden aber unterschiedlich geschrieben und haben verschiedene Bedeutungen. Die unterschiedlichen Bedeutungen sind durch die Schreibweisen **a, aa** oder **ah** zu erkennen:

- Aal Ahle

- ein Denkmal ein köstliches Mahl zwei mal fünf

- malen mahlen

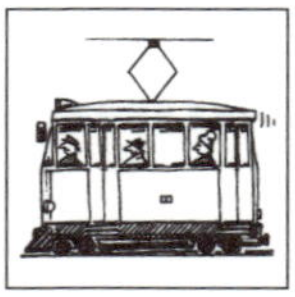

- Waage Wagen
- Name – Aufnahme
- war – wahr

AUFGABE 23

Setze die im Merkkasten vorgegebenen Wörter an der richtigen Stelle ein. Schreibe den Text zur Übung in dein Trainingsheft.

Er kaufte im Fischgeschäft einen geräucherten _____________.

Der Schuhmacher bohrt mit seiner _____________ Löcher ins Leder um nähen zu können.

Zum 80. Geburtstag meiner Großmutter waren viele Leute zum Fest_____________ eingeladen.

Auf unserem Marktplatz steht ein Krieger_________________.

Er hat mich gestern drei_____________ angerufen.

Alexandra hat ein Mutter_____________ am Hals.

Fünf _____________ sieben ist fünfunddreißig.

Der Weingärtner fährt seinen _____________ voller Trauben auf die _____________ an der Kelter.

Bei der Auf_____________ des Unfalls schrieben die Polizisten zunächst die _____________ der Unfallbeteiligten auf.

Ob die Schilderung des Unfallhergangs _____________ ist, wird noch geprüft.

Großmutter _____________ ihren Kaffee in einer Handmühle.

Gestern durften wir in der Schule ein Muttertagsbild _____________.

Stefan hat diese Woche zum zweiten _____________ in der Schule gefehlt.

MERKE

Gleich gesprochen – unterschiedlich geschrieben

Folgende Wörter werden gleich gesprochen; sie werden aber unterschiedlich geschrieben und haben verschiedene Bedeutungen:

- **denen – dehnen**
- **Heer** (Kriegsheer) **– hehr** (heilig, erhaben) **– her** (zu mir herkommen)
- **leeren – lehren**
- **Meer** (Weltmeer) **– mehr**
- **wert – wehrt** (sich gegen etwas wehren)

- Boote – Bote

- Bowle – Bohle
- hol! – hohl
- Sole (Salzsole) – Sohle

AUFGABE **24**

Setze die im Merkkasten vorgegebenen Wörter an der richtigen Stelle ein! Schreibe den Text zur Übung in dein Trainingsheft.

Der Briefkasten wird vom Post_______________ geleert. Zum Bergrennen hat sich ein _______________ von Zuschauern eingefunden. Die Welt_______________ bedecken zwei Drittel der Erdoberfläche.

Im Hafen ankern viele Segel______________. Die Maurer legen eine dicke ______________ über den Graben. In seiner Schuh______________ ist ein Loch.

Test

AUFGABE **25** Löse das Gitterrätsel:

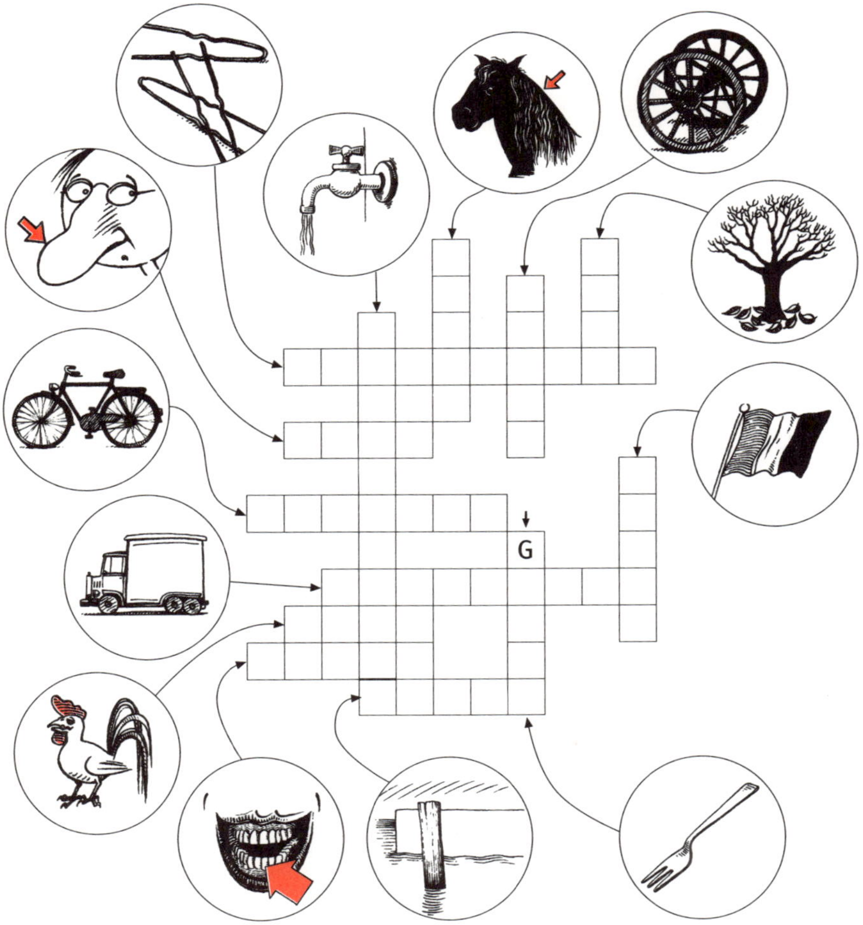

AUFGABE 26

Setze die richtigen Buchstaben ein. Schreibe die Wörter in dein Trainingsheft.

Gew____r	Sp____r	l____r
He____ler	bequ____m	s____lisch
Verk____r	qu____r	extr____m
Arm____	Trap____z	Athl____t
Gel____	sch____l	Pak____t

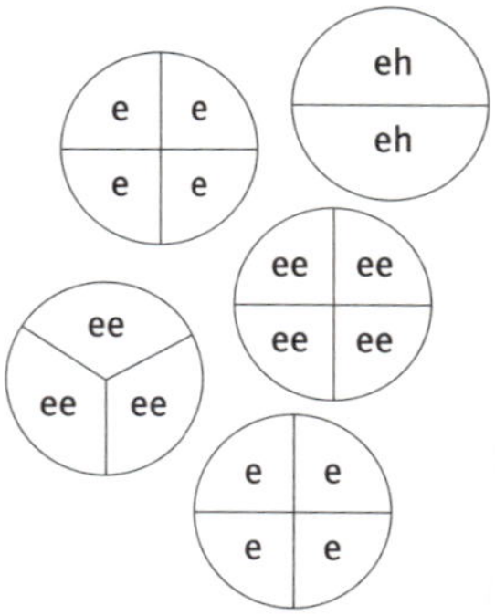

AUFGABE 27

Löse das Bilderrätsel. Wie heißt das farbig unterlegte Lösungswort?

____

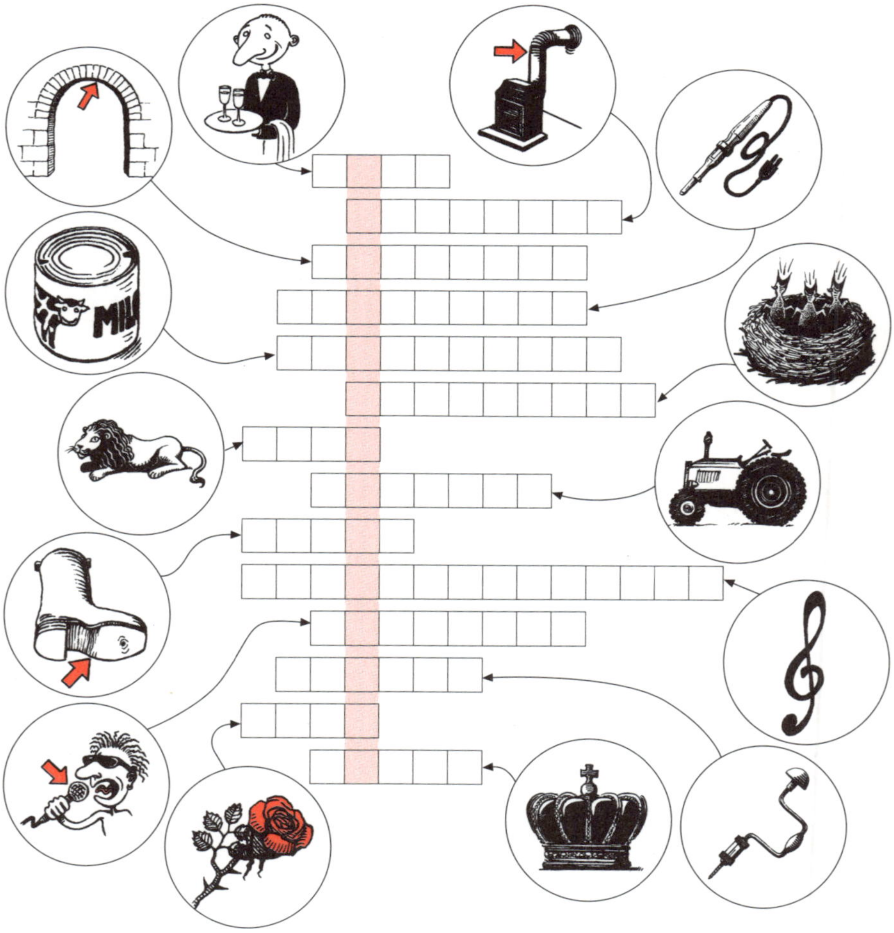

AUFGABE 28

Folgenden Text kannst du dir diktieren lassen. Es ist aber auch möglich, dass du ihn auf eine Kassette sprichst. Du kannst ihn dann abhören und aufschreiben.

Der Teufelsdamm

Am Rande eines großen Moores wohnte einmal ein Müller. Wenn er in die umliegenden Dörfer fuhr, ärgerte er sich immer wieder über die langen Umwege, zu denen ihn das Moor zwang. Eines Tages stieß er deshalb einen ganz besonders derben Fluch aus. Da stand plötzlich der Teufel vor ihm und bot seine Hilfe an. Der Müller versprach ihm sein einziges Kind, wenn er ihm bis zum ersten Hahnenschrei einen steinernen Damm durch das Moor baue. Der Leibhaftige ging darauf ein und arbeitete in der Nacht so emsig, dass dem Müller angst und bange wurde, denn er hatte die Arbeit für undurchführbar gehalten. Doch bald nach Mitternacht war der Damm schon bis auf wenige Schritte fertig. Da zog der Müller seine Lederhosen an, steckte einen Hahn in einen Sack und lief rasch ans Ende des Dammes. Hier schlug er mit der flachen Hand mehrmals auf seine Lederhose. Das klang, als schlüge ein gerade erwachter Hahn mit den Flügeln. Als das der Hahn im Sack hörte, begann er zu krähen, und der Teufel kam um seinen Lohn.

(Volkssage)

Die Kennzeichnung der langen i-Laute

In der Speisekarte auf Seite 28 kommen verschiedene i-Laute vor. Du kannst also hieran schon einmal zu üben beginnen.

AUFGABE 29

Ordne die Wörter mit langem **i**-Laut nach folgender Tabelle in dein Trainingsheft.

i	ie	ih	ieh

Suppen:

Zwiebelsuppe mit gewiegter Petersilie und geriebenem Käse 4,10 DM
Grießsuppe mit Kräutern der Jahreszeit 4,30 DM

Kleine Gerichte:

Marinierte Heringe mit Bauernbrot 5,50 DM
Riesenbockwurst mit vitaminreichen Salaten 6,20 DM

Hauptgerichte:

Wiener Schnitzel mit Kroketten und Endivien- und Radieschensalat 10,80 DM
Nierenbraten mit Semmelknödeln in milder Rosmarinsoße 10,90 DM
Siedfleisch zu Pellkartoffeln mit Meerrettich und Preiselbeergelee 11,90 DM
Zigeunerspieß mit Ziegenkäse und passierten Tomaten 12,30 DM

Aus unserer Vitrine servieren wir Ihnen:

Vierfruchteis mit flambierten Bananen 4,60 DM
Glasierte Birnen auf Vanilleeis 4,80 DM
Joghurtbecher mit kandierten Apfelsinen und Mandelsplittern 6,30 DM

Unser Fleisch stammt aus Viehbeständen von Albbauernhöfen.
Alle Tiere haben ihr Gütesiegel erhalten.

MERKE

Kennzeichnung langer i-Laute

1. Der lang gesprochene Vokal wird als i gekennzeichnet:
   a) in wenigen einheimischen Wörtern (dir, mir, gib)
   b) bei eingebürgerten Lehnwörtern (Bibel, Biber, Brise, Fibel, Igel, Liter, Nische, Primel, Tiger ...)
   c) bei Fremdwörtern im Wortinneren (Archiv, Benzin, Margarine, Vitamin ...)
2. In vielen Wörtern wird der lang gesprochene Vokal als ie gekennzeichnet:
   a) bei Biene, Brief, biegen, niedrig ...
   b) bei Wörtern, die mit -ier oder -ieren enden (Klavier, spazieren ...),
   c) bei fremdsprachlichen Wörtern, die mit einem lang gesprochenen i-Laut enden, (Biologie, Genie, Lotterie ...),
   d) Bei Konjugationsformen von Verben (bleiben, ich blieb, du bliebst, wir blieben, geblieben ...)
3. Das ih steht nur in folgenden Wörtern: ihm, ihn, ihnen, ihr.
4. Das ieh begegnet dir nur im Wort Vieh oder bei Konjugationsformen von Verben (stehlen – er stiehlt) und als silbentrennendes h (fliehen – er flieht).

AUFGABE 30

Bilde zusammengesetzte Substantive. Schreibe sie in dein Trainingsheft.

Benzin	Student
Nikotin	Feger
Kapitän(s)	Kabel
Kamin	Vergiftung
Medizin	Kanister
Liter	Übersetzung
Fibel	Stativ
Tiger	Mütze
Foto	Maß
Mikrofon	Seite
Biber	Tag
Bibel	Pelz
Martin(s)	Fell

AUFGABE

31 Löse das Leiterrätsel.

Wüstenbewohner	B _ _ _ _ _ _
Zupfinstrument	M _ _ _ _ _ _ _ _
Speisefett	M _ _ _ _ _ _ _ _
Süßigkeit	P _ _ _ _ _ _
Südfrucht	A _ _ _ _ _ _ _ _
Salbenfett	V _ _ _ _ _ _ _
Geige	V _ _ _ _ _ _
Speiseraum	K _ _ _ _ _ _
getrocknete Weinbeere	R _ _ _ _ _
Seestreitmacht	M _ _ _ _ _
Geläufigkeit, Übung	R _ _ _ _ _ _
lebenswichtige Stoffe in der Nahrung	V _ _ _ _ _ _ _
verfallenes Bauwerk	R _ _ _ _
Sichtweise	P _ _ _ _ _ _ _ _ _ _
Suppenschüssel	T _ _ _ _ _ _

Die Lösungswörter heißen nach dem Alphabet geordnet:

Apfelsine, Beduine, Kantine, Mandoline, Margarine, Marine, Perspektive, Praline, Rosine, Routine, Ruine, Terrine, Vaseline, Violine, Vitamine

Wie heißt das Lösungswort?
Lese dazu das Wort auf der „Leiter“ von oben nach unten.

____

AUFGABE 32

Bilde Verben, indem du die Buchstaben wie angegeben veränderst.

z	z		sch		l		b	w	s		st
i	i										
e	e										
r	h	l		b		g				b	r
e	e										
n	n										

AUFGABE 33

Roboter Robby vertauscht Vokale. Schreibe die Ergebnisse in dein Trainingsheft.

Star Rose Gabel Bar lügen loben Bär Regel quaken Tor Segel schaben vor Käfer schmoren Sog Säge Spaß

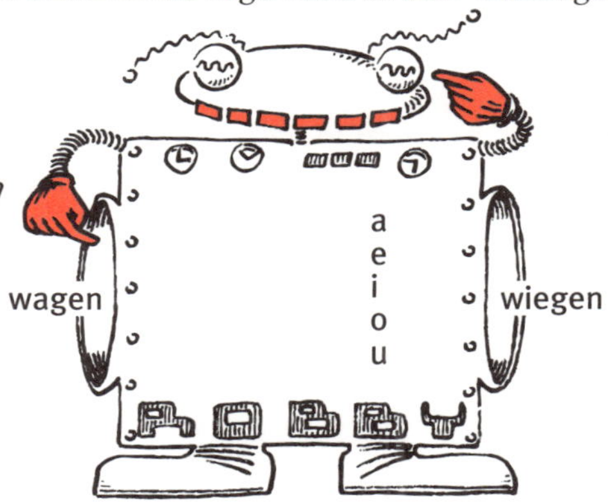

AUFGABE 34

Setze folgende Wörter in den unten stehenden Lückentext ein:

Deponie – Energie – Epidemie – Galerie – Garantie – Harmonie – Lotteriespiel – Melodie

Der Musiklehrer übte für ein Schulfest die ________________ eines Musikstückes so lange, bis alle Stimmen in ________________ zusammenklangen. Die Lust am Musizieren hatte die Schüler wie eine ________________ erfasst. Obwohl sie alle sehr viel ________________ aufbrachten, hatten sie nicht die ________________, dass es bei der Aufführung auch so harmonisch klingen würde. Schon die Raumakustik machte das Unternehmen zu einem ____________________, denn beim Schulfest sollten sie auf der ________________ der Festhalle untergebracht werden. Nur dort war die ________________ der Musikinstrumente möglich.

AUFGABE 35

Beim Scrabble wurde Folgendes gelegt.
Fülle die Lücken und baue das Spiel weiter aus.

Stolpersteine

MERKE

Gleich gesprochen – unterschiedlich geschrieben

Folgende Wörter werden gleich gesprochen; sie werden aber unterschiedlich geschrieben und haben verschiedene Bedeutungen.

- Lid – Lied

Ute hat die Augenlider geschlossen.

die Melodie eines Liedes

- Mine – Miene

Die Bleistiftmine ist spitz.

Jochen zeigt eine traurige Miene.

- Stil – Stiel – er stiehlt

Der Besenstiel ist krumm.

ein Fenster im gotischen Baustil

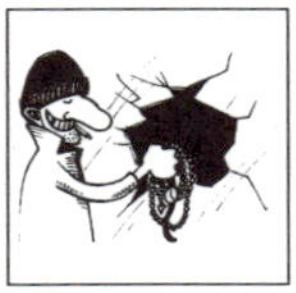

Er stiehlt.

AUFGABE 36

Setze die im Merkkasten vorgegebenen Wörter an der richtigen Stelle ein. Schreibe den Text zur Übung in dein Trainingsheft.

Die Wanderer singen ein frohes ______________. Der Augenarzt untersucht das verletzte ______________. Er ______________ einen Apfel vom Baum. Der Schaufel______________ ist abgebrochen. Er schreibt einen flüssigen ______________ in seinem Aufsatz. Frieder machte eine schlechte ______________, als ihm die ______________ seines Bleistifts während der Klassenarbeit abbrach.

MERKE

Wider und wieder

Du schreibst wider, wenn das Wort im Sinn von gegen gebraucht wird, aber wieder, wenn das Wort die Bedeutung von abermals (wiederholen) hat.

AUFGABE 37

Fülle die Lücken im Text! Benütze dazu folgende Wörter:

wiederholen, wieder, Widerhall, widersetzen, wieder, widerwillig, Widerspruch

Auch in diesem Jahr ist Thomas mit seinen Eltern ______________ in die Berge gefahren. Wenn er jodelt, wartet er auf den ______________________. Immer ______________ probiert er es. Das geht so lange, bis Mutter ______________________ einlegt. Thomas möchte sich nicht ______________________; ______________________ lässt er die Jodelei. Aber morgen wird er sie ______________________.

AUFGABE 38

Löse das folgende Gitterrätsel.

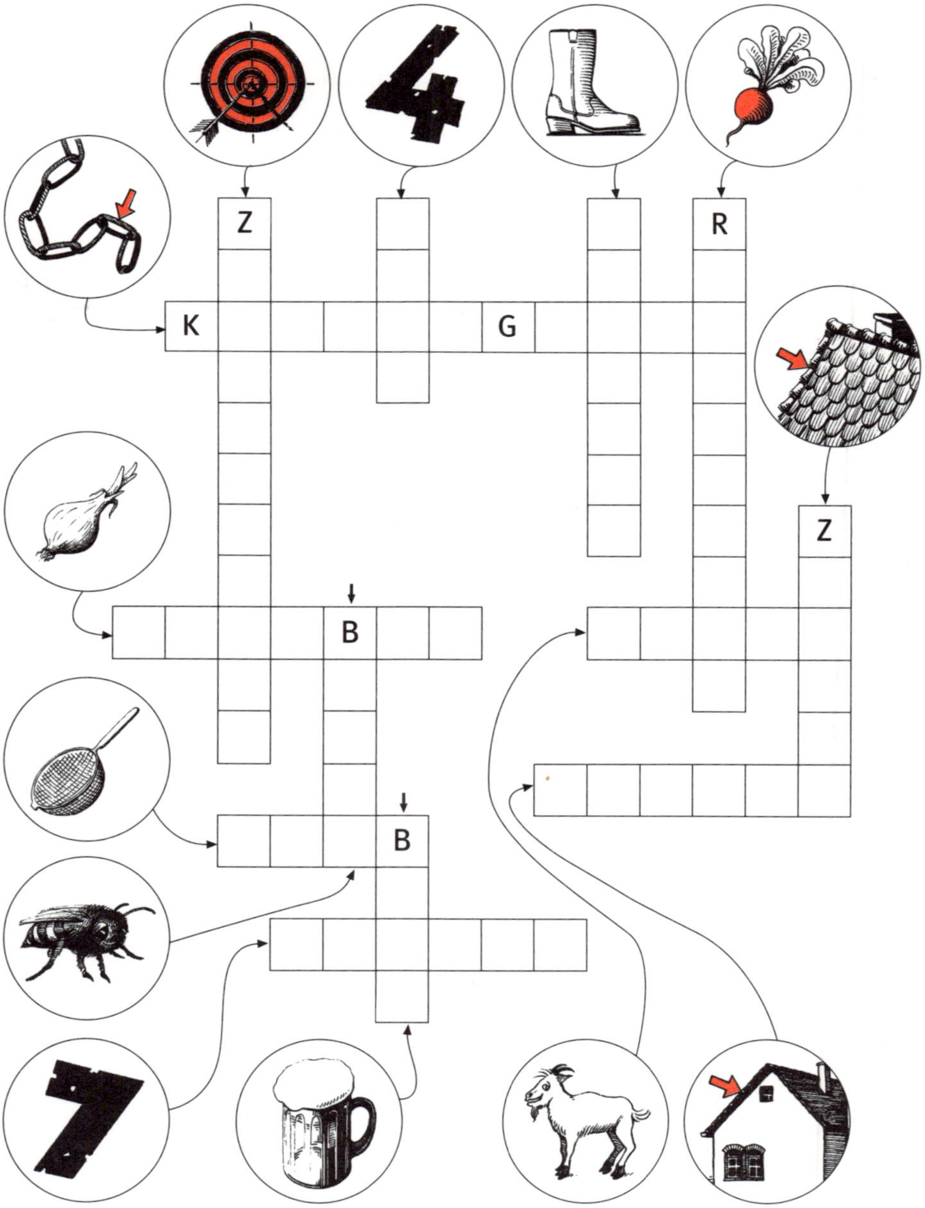

AUFGABE 39

Folgenden Text kannst du dir diktieren lassen. Es ist aber auch möglich, dass du ihn auf eine Kassette sprichst. Du kannst ihn dann abhören und aufschreiben.

Vom Küchenjungen in Dornröschens Schloss

Sein Chef, der Koch, ließ ihn immer nur Zwiebeln schneiden. Und nie schnitt der Küchenjunge dem Koch die Zwiebeln fein genug. Der Junge hatte schon eine Triefnase und rot verheulte Augen von der vielen Zwiebelschneiderei, aber der Koch kannte kein Erbarmen. „Bevor du die Zwiebel nicht so fein schneidest, dass man sie mit der Zunge zerdrücken kann, bekommst du keine Kartoffel in die Finger“, pflegte er zu sagen und manche Leute meinen, dass daher der Ausdruck „zwiebeln“ kommt, der so viel wie quälen heißt. Und so tat der Küchenjunge etwas, was zu Dornröschens Zeiten höchst ungewöhnlich war – er protestierte. Der Koch hob die Hand zu einer saftigen Ohrfeige. Aber genau in dieser Sekunde stach sich Dornröschen mit der Spindel in den Finger und alle sanken augenblicklich in tiefen Schlaf.

(Irmela Brender)

3 Kennzeichnung kurz gesprochener Vokale

Die folgende Wortliste zeigt dir Wörter mit kurz gesprochenem Vokal:

Sekt, ackern, verebben, flitzen, kupfern, schleppen, rennen, Pflock, Flanke, schlank, kribbeln, dürr, Mütze, Katze, Lump, stärken, Pudding, Dutzend, Schwamm, vermummen, welken, retten, Sessel, Volk, Sumpf, schlaff, fallen, Imker, Brücke, Pakt, Elle, Paddel, Mark, flaggen, Dank, Perücke

AUFGABE 1

Ordne diese Wörter mit kurz gesprochenem Vokal aus der Wortliste in eine Tabelle nach folgendem Muster. Schreibe die Tabelle in dein Trainingsheft.

Konsonantenhäufung	Konsonantenverdoppelung	ck und tz
Se**kt**	vere**bb**en	a**ck**ern fli**tz**en

MERKE

Kennzeichnung kurz gesprochener Vokale

1. Folgen auf einen Vokal zwei oder drei verschiedene Konsonanten, so ist der Vokal in der Regel kurz (Schrank, Salz, schimpfen ...).
2. Folgt auf einen kurzen Vokal nur ein einzelner Konsonant, so wird der kurz gesprochene Vokal durch Verdoppelung des Konsonantenbuchstabens gekennzeichnet (schlaff, Egge, üppig, Nummer ...).
3. Für k und z gilt eine besondere Regelung: statt **kk** schreibt man **ck** und statt **zz** schreibt man **tz** (locken, schützen ...).

Kennzeichnung durch zwei oder drei verschiedene Konsonanten

Reiseprospekt
Wenn Sie von der Bergwelt begeistert sind, finden Sie hier etwas Einmaliges. Unsere Mitarbeiter haben ausgefallene Touren gefunden. Doch keine Angst, wir trainieren Sie und steigern Ihre Kondition. Die Mühen des Bergsteigens werden durch vielfältige Blicke über die Alpen belohnt ...

AUFGABE 2

Lies den Prospekt nochmals laut und deutlich. Schreibe die Wörter, bei denen auf einen kurz gesprochenen Vokal zwei oder mehrere Konsonanten folgen, in dein Trainingsheft und kreise die gehäuften Konsonanten ein.
Als **Beispiel:** Reiseprospekt

AUFGABE 3

Finde die passenden Reimwörter.

Schmalz	Falken	melken	Wild	Gehalt
F______	B______	w______	B______	Gest______
S______	k______	N______	Sch______	k______
M______			m______	
Sumpf	Kampf			
Tr______	Kr______			
Str______				
st______				

Zwirn	Wort	Schmerz	Mark
St ____	H ____	Sch ____	st ____
H ____	Sp ____	H ____	Qu ____
		T ____	

AUFGABE

4 Setze ld, lt, mt, nd, nt, rd oder rt ein. Schreibe dann die Wörter zur Übung in dein Trainingsheft.

Sa____, Schwa____e, ka____, E____e, Spa____e,

Bü____e, Ka____e, Bi____er, He____e, fi____en,

fa____en, Gedu____, wa____en, Ho____e, Fa____e,

Ta____e, Bä____er, ha____en, Rä____er

Test

AUFGABE 5

Löse das Rätsel. Bei richtiger Lösung findest du ein Lösungswort, in dem zwei kurz gesprochene Vokale auftauchen, denen jeweils zwei unterschiedliche Konsonanten folgen. Wie heißt es?

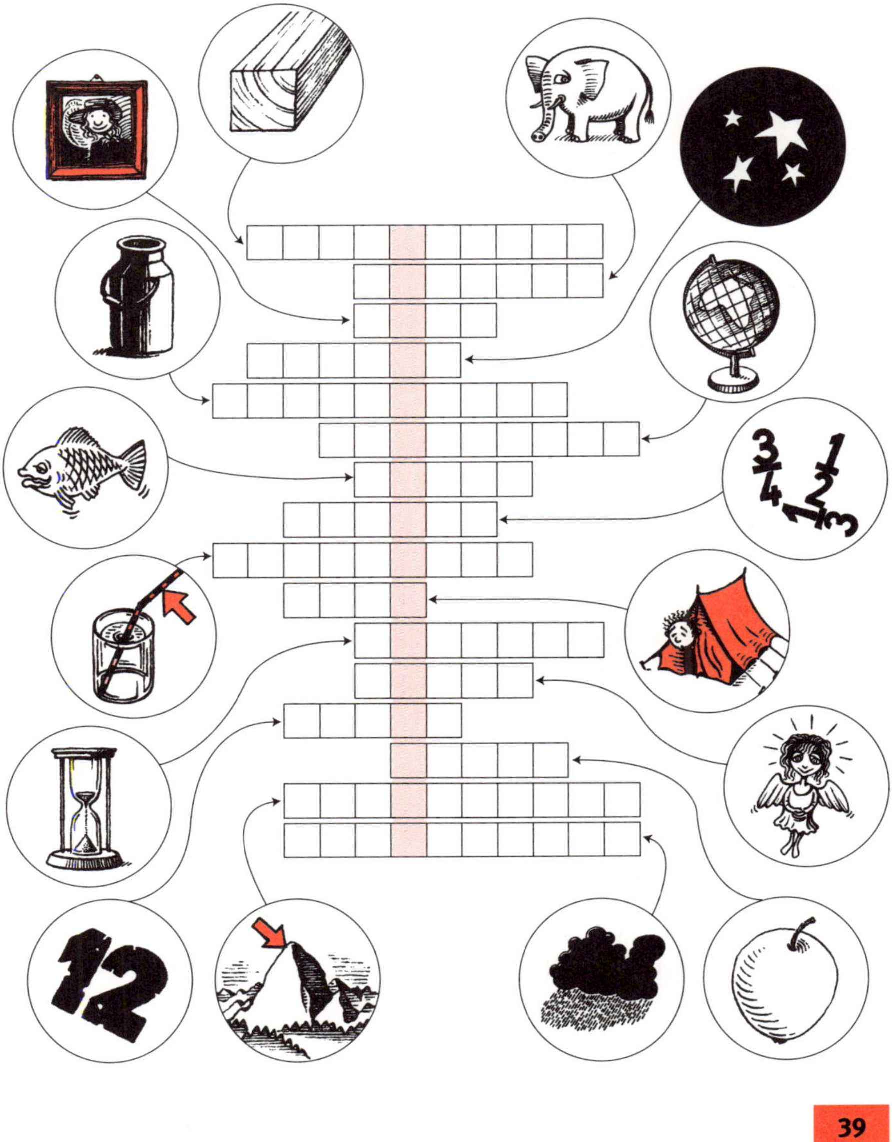

Kennzeichnung durch Verdoppelung des Konsonantenbuchstabens

Verkehrte Welt

Mit einem Paddelboot und ohne Geld
fuhr ich kürzlich zur verkehrten Welt:

wo der Käfer schwabbelt
und der Pudding krabbelt;

wo der Roggen wird geritten
und der Rappe wird geschnitten;

wo die Hunde gellen
und Sirenen bellen;

wo die Funken schwimmen
und die Fische glimmen;

wo die Schweine büffeln
und die Schüler schnüffeln;

wo die Tiere essen
und die Menschen fressen;

wo die Trompeten klettern
und die Affen schmettern;

wo Flammen rennen
und die Kinder brennen;

wo die Hunde schnurren
und die Katzen knurren;

wo Gewitter rollen
und die Bälle grollen.

AUFGABE 6

Lies das Gedicht „Verkehrte Welt" laut und deutlich. Kreise die auf einen kurzen Vokal folgenden Doppelkonsonanten jeweils ein.
Als **Beispiel:** Paddelboot

AUFGABE 7

Aus **schroff** wird **Pantoffel**. Schreibe die Wörter nacheinander in die Tabelle.

	off	
schr		
Sauerst		
		en
h		
betr		
getr		
bes		
K		er
H		nung
St		el
Kart		
Pant		

AUFGABE 8 Setze die richtigen Rätselwörter ein.

				1		G	G			
			2			B	B			
			3			D	D			
			4			B	B			
		5				B	B			
			6			D	D			
		7				D	D			
				8		B	B			
		9				G	G			
			10			B	B			
			11			D	D			
			12			G	G			
			13			G	G			
			14			G	G			
		15				B	B			
16						B	B			
17						G	G			

1 Arbeitsgerät des Landwirts
2 Freizeitbeschäftigung
3 Süßspeise
4 Seehund
5 Krebstier
6 kurzes Ruder
7 Notizheft
8 Gegenteil von Flut
9 Fahne
10 wöchentlicher Feiertag der Juden
11 männliches Schaf
12 Getreideart
13 Hunderasse
14 Baumaschine
15 Bewegungsart des Kleinkindes
16 etwas mit einer Bürste säubern
17 den Zoll hintergehen

AUFGABE 9

Was Robby alles zaubern kann. Schreibe die neuen Wörter in dein Trainingsheft.

AUFGABE 10

Reime und schreibe die Verse anschließend in dein Trainingsheft.

Was man alles kann:

Auf die Nase ______________,
mit der Peitsche ______________.

Auf den Kopf sich ______________,
an der Haustür ______________.

Wie ein Löwe ______________,
einen Eimer ______________.

Eine Kugel ______________,
wie der Donner ______________.

AUFGABE 11 Setze die unten aufgeführten Wörter in die Rätseltreppe ein.

I	M	M											
	A	M	M										
			M	M									
S	C	H		M	M								
					M	M							
		R				M	M						
						I	M	M					
		T	Z					M	M				
			R	S					M	M			
			V							M	M		
A									M	M			
		B						M	M				
							M	M					
			Z			M	M						
	Ü				M	M							
		W		M	M								
S			M	M									
H		M	M										
	M	M											

Abendschimmer, immer, Kammer, Türsummer, Kabeltrommel, Flammen, stimmen, Gewimmer, Schwimmer, Klavierstimmer, überstimmen, überschwemmen, hemmen, Haarklemmen, verstummen, Katzenjammer, Ammen, Schimmel, Holzhammer

AUFGABE 12

Bilde Reime. Schreibe sie auch in dein Trainingsheft.

schwimmen	Lamm	Kummer	Kammer
kl ______	K ______	S ______	H ______
tr ______	D ______	Schl ______	J ______
gl ______	St ______		
st ______	Schw ______		

dumm	Stummel	Lümmel
st ______	H ______	K ______
kr ______	B ______	

AUFGABE 13

Mit etwas Grips findest du zwölf Wörter. Schreibe sie in dein Trainingsheft.

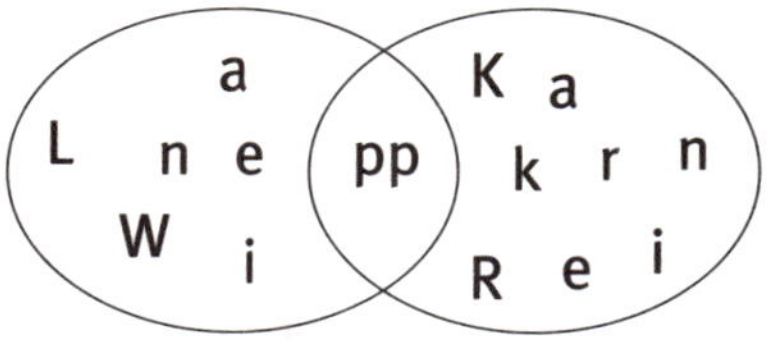

AUFGABE 14

Hier sind zusammengesetzte Wörter etwas durcheinander geraten. Überlege und schreibe sie richtig auf.

Schubgeschirr	Goldzerrung	Dörrsinn
Pferdeherr	Muskelpfarrer	Starrholz
Hauskarren	Stadtbarren	Sperrobst

____

____

____

____

____

AUFGABE

15 Bilde zusammengesetzte Wörter. Ein oberes und ein unteres Dreieck gehören jeweils zusammen. Schreibe die Wörter in dein Trainingsheft.

Wirr-	Irr-	Pfarr-	Zerr-	Herr-	Sperr-
amt	schaft	tum	stunde	kopf	bild

Schnurr-	Schirr-	Narren-	Kinder-	Geschirr-	Hunde-
meister	kappe	geplärr	geknurr	schrank	bart

AUFGABE

16 Bilde Reime. Schreibe sie in dein Trainingsheft.

Futter	Schritte	Schotte	Klette	Latte	Bett	schlittern	Flotte
B___	Tr___	L___	K___	M___	n___	kn___	Kar___
M___	B___	M___	M___	R___	f___	w___	Gr___
K___	M___	R___	W___	W___	Br___	z___	Klam___

Stolperstein

MERKE

Drei gleiche Konsonanten

Bei Wortzusammensetzungen kann es dazu kommen, dass drei gleiche Konsonanten auf einen kurz gesprochenen Vokal folgen. Alle drei Konsonanten bleiben erhalten.

Donaudampfschi**fff**ahrtsgesellschaft, Meta**lll**euchter, Mü**lll**ager, Gewi**nnn**ummer, Fe**ttt**opf, Fe**ttt**ropfen, Werksta**ttt**ruppe

AUFGABE 17

Ordne dem Lotto die Legeplättchen durch Pfeile zu und schreibe die zusammengesetzten Wörter in dein Trainingsheft.

Papp	
Sauerstoff	
Ballett	
Fett	
Blatt	
Stoff	
Brikett	
Nepp	
Schutt	
Kompott	

- Transporter
- Triebe
- Flasche
- Preis
- Träger
- Plakat
- Truppe
- Tropfen
- Teller
- Flicken

AUFGABE 18

Ein Schiffbrüchiger hinterlegte für seine Freunde eine Nachricht auf einer einsamen Insel. Um sie geheim zu halten schrieb er Silbe um Silbe untereinander. Entziffere den Text und schreibe ihn mit den Satzzeichen in dein Trainingsheft.

BEI	TEN	VIER	GRUND	TALL	FET
LETZ	KON	NACH	WERT	LEUCH	ZEN
TEM	TROLL	EX	VOL	TER	BRANNT
HALT	LAM	PLO	LE	UND	WEIN
SAU	PEN	SION	LA	WEIN	MIT
ER	BALD	SCHIFF	DUNG	BRAND	AL
STOFF	ÜBER	EINE	AN	FÄS	TER
FLA	HIT	HAL	BORD	SER	NUM
SCHEN	ZUNG	BE	SUCHT	IN	ME
GE	IM	MEI	HIN	MEI	RIE
LA	LA	LE	TER	NER	RUNG
DEN	GER	VOR	WERK	KO	
AUF	RAUM	IN	STATT	JE	K.
SEE	NUM	SEL	TÜR	IN	S.
ZEIG	MER	AUF	ME	STOFF	OL
					SEN

Test

AUFGABE 19

Setze die Mosaiksteine richtig in die weißen Felder ein.

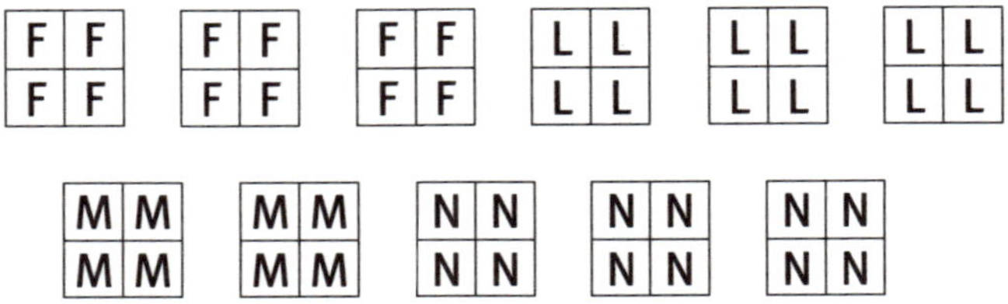

AUFGABE 20 Löse dieses Gitterrätsel.

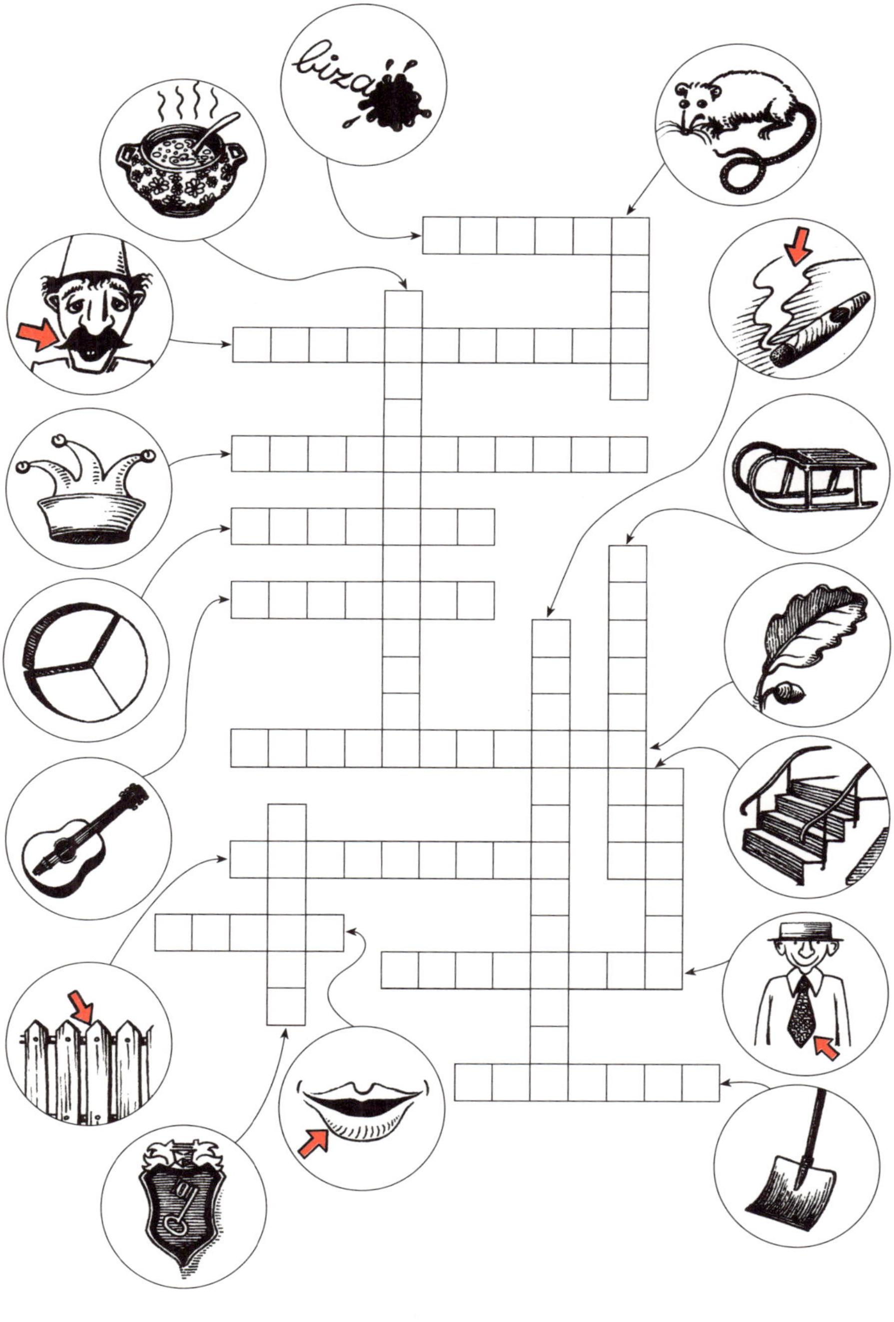

AUFGABE 21 Folgenden Text kannst du dir von jemandem diktieren lassen. Es ist aber auch möglich, dass du ihn auf Kassette sprichst. Du kannst ihn dann abhören und aufschreiben.

Der hungrige Araber

Ein Araber hatte sich in der Wüste verirrt und schon mehrere Tage nichts mehr zu essen gefunden. Er war dem Hungertode nahe und schleppte sich völlig entkräftet zu einer Wasserstelle. Hier sah er die Spuren vieler Kamele im Sand, eine Karawane musste den Platz erst vor kurzer Zeit verlassen haben. Plötzlich fiel sein Blick auf ein prall gefülltes Ledersäckchen. Er hob es auf und befühlte es und da er meinte, es enthalte Datteln oder Nüsse, sah er sich schon gerettet. Mit zitternden Händen öffnete er das Säckchen, blickte hinein und ließ es dann enttäuscht fallen.
„Ach“, rief er voll Traurigkeit aus, „es sind nur Perlen!“

(nach Johann Gottfried Herder)

ck und tz

Wie wird das Wetter?

Mit fortschreitendem Ausgleich der Gegensätze des Luftdrucks klingt die drückende Hitze der letzten Tage ab. Das Wetter wird dann von einem derzeit zwischen Marokko und Nizza sitzenden Tief beeinflusst. Aufkommende Quellbewölkung führt zu Wärmegewittern, die uns Blitz und Donner bescheren. Doch das bleibt nur ein Intermezzo; schon am Sonntag lockert die Bewölkung wieder auf. Bei angenehmen Temperaturen sollten Sie daher das Wochenende für einen Spaziergang nutzen.

AUFGABE 22

Ordne die Wörter, in denen ein kurz gesprochener Vokal durch **ck** (oder **kk**) und durch **tz** (oder **zz**) gekennzeichnet ist. Lege dazu in deinem Trainingsheft eine Tabelle nach folgendem Muster an:

ck	(kk)	tz	(zz)

MERKE

ck und tz

1. Statt kk schreibt man ck. Ausnahmen sind Fremdwörter wie Marokko, Mokka, Sakko.
2. Statt zz schreibt man tz. Ausnahmen sind Fremdwörter wie Nizza, Intermezzo, Pizza.

AUFGABE 23

Was Robby alles zaubern kann. Schreibe die neuen Wörter mit **ck** in dein Trainingsheft.

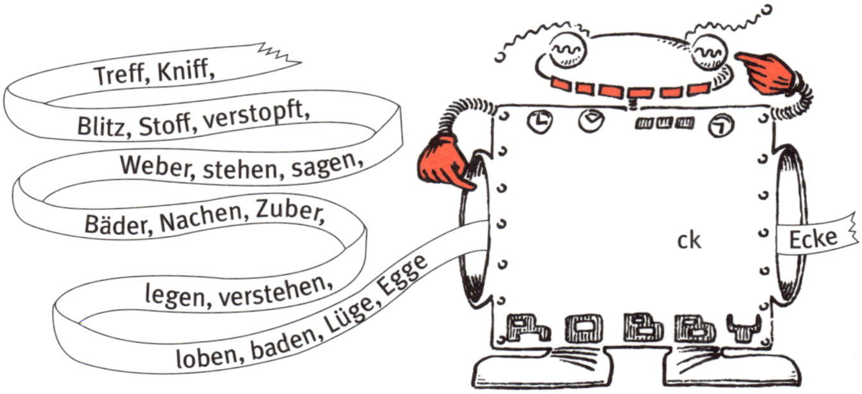

AUFGABE 24

Bilde aus den Wörtern oder Silben aus Feld 1 und Feld 2 jeweils zusammengesetzte Substantive. Schreibe sie in dein Trainingsheft.

Feld 1

LACK STRICK BACK BLOCK SPECK SCHRECK WECK LOCK STÜCK RÜCK TRICK SCHECK SPICK

Feld 2

LEITER HEFT SEITE SEKUNDE MEHL VOGEL KISTE ZETTEL ZAHL FAHRT STUBE SCHUHE SCHOKOLADE

AUFGABE 25

Hier ist etwas durcheinander geraten. Überlege und schreibe die zusammengesetzten Substantive richtig auf.

Platzfleisch	Scharfritze	Glatzmaus
Schatzregen	Feuerschütze	Blitzkopf
Sitzgräber	Mauerspritze	Spitzlicht

AUFGABE 26 Bilde Wörter und schreibe sie alle in dein Trainingsheft.

Spit =		schlit =		Schwät =		bespit =	
Glat =	ze	schät =	zen	Schnit =	zer	schnit =	zeln
Hit =		stüt =		Spit =		kit =	
Rit =		wet =		Sprit =		wit =	

Test

AUFGABE 27 Folgenden Text kannst du dir von jemandem diktieren lassen. Es ist aber auch möglich, dass du ihn auf Kassette sprichst. Du kannst ihn dann abhören und aufschreiben.

Auf dem Rummelplatz

Auf Pappplakaten wird überall das Sommerfest angekündigt. Vom Festplatz schallt laut die Musik. An den Ständen bietet man zuckersüße Schleckereien, gebrannte Mandeln und Pizza an. Andere preisen ihren glitzernden Schnickschnack. Ein Losverkäufer verspricht, dass jedes vierte Los eine Gewinnnummer ist. Der erste Preis ist eine Schifffahrt auf der Donau. Bei der Schießbude kann man Papierblumen, Lebkuchenherzen und Stofffiguren gewinnen. Doch als Held des Platzes gilt Kasimir, der stärkste Mann. Für fünfzig Pfennig Eintritt kann man ihn zackig zweieinhalb Zentner stemmen sehen.

4 s oder ß oder ss

Steckbrief

Gesucht wird der folgende Straftäter:

Name: Jens Kesselschmied

Alter: 43 Jahre

Körperbau: 184 cm groß, hoch-
geschossene Gestalt

Gesicht: länglich oval, Farbe blass,
dunkler Bartwuchs, Brillenträger

Haar: Wuchs spärlich, Farbe schwarz,
Stirn kahl

Besondere Kennzeichen:
Muttermal am linken Nasenflügel, Narbe auf rechter Wange,
schusslige Bewegungen

Der Gesuchte verübte mehrere Raubüberfälle. Er verbüßte eine Haftstrafe in Saarbrücken und ist nach einem Ausbruch flüchtig. Zuletzt wurde er an der Rheinfähre bei Kaub gesichtet. Der Mann ist äußerst gefährlich und macht von der Schusswaffe oder dem Messer rücksichtslos Gebrauch.

Sachdienliche Hinweise nimmt jede Polizeidienststelle entgegen.

AUFGABE 1

Suche aus dem Steckbrief die Wörter mit s, **ß und** ss heraus und ordne sie nach folgender Tabelle in deinem Trainingsheft:

s	ß	ss

Lies die Wörter in der Tabelle laut und deutlich.

Du hast sicher einen Unterschied festgestellt. Es gibt im Deutschen zweierlei s-Laute; den stimmhaften s-Laut und den stimmlosen s-Laut.

Das stimmhafte s kitzelt beim Sprechen ein wenig an der Zunge; man schreibt es immer als s (sagen, sausen, eisig). Das stimmlose s kann als ss (muss, dass, hassen, Hass, hässlich) oder als ß (Straße, Strauß, grüßen, Gruß) geschrieben werden.

Folgende Regeln helfen dir beim richtigen Schreiben:

MERKE

Stimmhaftes und stimmloses s

1. Ein stimmhaftes **s** wird stets als **s** geschrieben.
   Beispiele: sagen, rasen, eisig.
2. Folgt auf einen kurzen Vokal ein stimmloses **s**, dann wird es ausnahmslos verdoppelt und als **ss** geschrieben.
   Beispiele: hassen, hässlich, muss, müssen.
3. Folgt ein stimmloses **s** einem langen Vokal oder einem Diphthong (ei, ai, eu, au, äu), dann schreibt man **ß**.
   Beispiele: Gruß, Straße, Strauß, Fleiß, Grieß, bloß.
4. Das stimmlose s wird mit einfachem **s** geschrieben, wenn sich beim Verlängern des Wortes ein stimmhaftes **s** ergibt.
   Beispiele: Glas – Gläser, Haus – Häuser.

AUFGABE **2**

Bilde mit der Silbenmauer 36 Wörter. Präge dir jeweils sechs Wörter ein und schreibe sie im Selbstdiktat in dein Trainingsheft.

RIE	REI	AM	IN	BLA	SAU
SIG		SEL		SEN	
SEN	BRAU	NA	HA	BÖ	FRÄ
SE		SE		SE	
FA	GLÄ	RA	RIE	EI	DIE
SER		SEN		SIG	
SPEI	HIR	PIN	KREI	DRÜ	DO
SE		SEL		SE	
RO	GÄM	RIE	NIE	KÄ	LEI
SE		SELN		SE	
LE	LÖ	AMEI	GEMÜ	HÄU	GRÄ
SEN		SE		SER	

Prüfe, ob es sich bei diesen 36 Wörtern um den stimmhaften oder um den stimmlosen **s-Laut** handelt. Begründe deine Entscheidung.

AUFGABE 3

Fülle die Lücken. Lies die Wörter anschließend laut und achte dabei auf das stimmhafte s im Infinitiv.

reisen	du reist	er reiste
		er kreiste
	du löst	
speisen		
	du bremst	
		er raste
		er brauste
lesen		
	du bläst	
preisen		

Wenn du unsicher bist, ob man z.B. das konjugierte Verb **du saust** mit s oder ß schreibst, dann kann dir der Infinitiv **sausen** den Weg zur richtigen Schreibweise zeigen.

AUFGABE 4

Ergänze jeweils den Singular oder den Plural. Lies die Wörter anschließend laut und achte dabei auf das stimmhafte s in der Pluralform.

Gans	–	Gänse	Kreis	–	____________
____________	–	Gase	____________	–	Läuse
Gleis	–	____________	Los	–	____________
Gras	–	____________	____________	–	Mäuse
____________	–	Greise	Moos	–	____________
____________	–	Hälse	Preis	–	____________
Haus	–	____________	____________	–	Verse

Wenn du unsicher bist, ob am Schluss eines Wortes ein s oder ein ß steht, dann kann dir die Pluralbildung den Weg zur richtigen Schreibweise zeigen.

AUFGABE 5

Ordne folgende Wörter in das Treppenrätsel ein:

abmessen, Asse, Drosselgasse, essen, fassen, Fischflosse, fressen, herablassen, herauspressen, Klasse, Meisterklasse, Saftpresse, Schlüsse, Sprosse, Tasse, Teigmasse, verblassen, vermissen, verschlossen, zusammenfassen

	s	s											
		s	s										
			s	s									
				s	s								
					s	s							
						s	s						
							s	s					
								s	s				
									s	s			
										s	s		
										s	s		
									s	s			
								s	s				
							s	s					
						s	s						
					s	s							
				s	s								
			s	s									
		s	s										
	s	s											

AUFGABE 6

Bilde Reime. Schreibe sie zur Übung auch in dein Trainingsheft.

Gasse	Kessel	Bissen	Genosse
K ____	S ____	K ____	Spr ____
R ____		W ____	Tr ____
			G ____

Messer	lassen	Rüssel	Nässe
b ____	f ____	Sch ____	Bl ____
	p ____	Schl ____	
	T ____		

AUFGABE 7

Bilde zusammengesetzte Substantive und schreibe sie auch in dein Trainingsheft.

Essig	Sessel	____
Kaffee	Flosse	____
Schlüssel	Bisse	____
Wasser	Drossel	____
Sing	Nessel	____
Feder	Blech	____
Fernseh	Flasche	____
Messing	Kissen	____
Brenn	Kessel	____
Messe	Loch	____
Gewissen(s)	Stadt	____
Schwimm	Tasse	____
Klassen	Messer	____
Brot	Zimmer	____

AUFGABE 8

Fülle die Wortkästen vollständig aus.

T	a	s	s	e	n
f					
l					
p					
h					
	i				
B					
K					
w					
m					
	ü				
	e				
w					

R	o	s	s
	i		
B			
	a		
H			
n			
F			
P			
K	u		
N			
m			

AUFGABE 9

Die Spinne lauert auf Beute. Ordne die Wortbausteine **ß**, **ße** und **ßen** den Netzen zu und schreibe die Wörter in dein Trainingsheft.

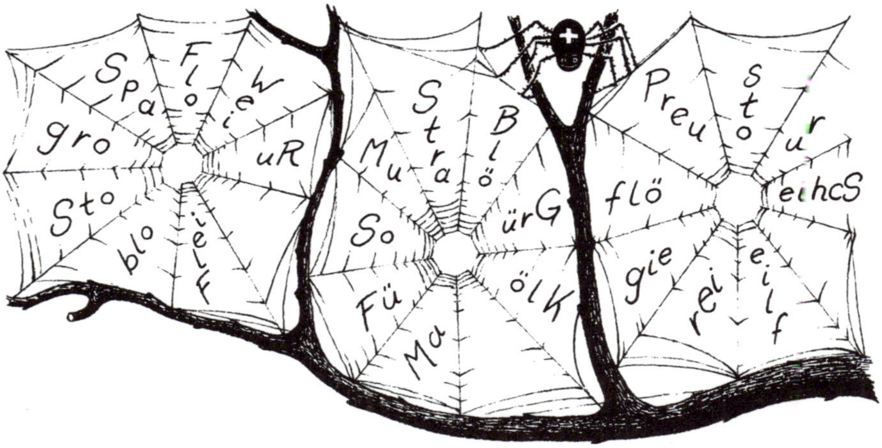

AUFGABE 10 Ergänze die fehlenden Wörter in deinem Trainingsheft.

der Biss	– die Bisse	der Riss	– ____________
das Fass	– ____________	____________	– die Rösser
____________	– die Nüsse	____________	– die Bässe
der Genuss	– ____________	der Schuss	– ____________
____________	– die Geschosse	____________	– die Ambosse
____________	– die Schlösser	____________	– die Kolosse
der Schluss	– ____________	der Imbiss	– ____________
____________	– die Güsse	____________	– die Kompasse
der Pass	– ____________		

Du erinnerst dich an die Regel: Folgt auf einen kurzen Vokal ein stimmloses s, dann wird es wie bei anderen Konsonanten verdoppelt und als ss geschrieben.

AUFGABE 11 Verlängere die folgenden Wörter durch Pluralbildung:

der Fuß	–	die Füße	der Stoß	–	____________
der Gruß	–	____________	der Spieß	–	____________
der Spaß	–	____________	der Strauß	–	____________
der Kloß	–	____________	das Gefäß	–	____________
das Maß	–	____________	das Floß	–	____________

Du erinnerst dich an folgende Regel: Folgt ein stimmloses s einem langen Vokal oder einem Diphthong (ai, ei, eu, au, äu), dann schreibt man ß.

AUFGABE 12 Vervollständige die Tabelle.

müssen	du musst	er muss
lassen		
essen		
hassen		
passen		
vergessen		
messen		
küssen		
pressen		
vermissen		
fassen		
fressen		
wissen		
hissen		

das und dass

Das und **dass** wird häufig verwechselt. Es gibt aber einige Regeln, mit denen du das und dass richtig anwenden lernst:

MERKE

das und dass

1. **das = bestimmter Artikel (Geschlechtswort)**
   Beispiel: **das** Pferd, **das** rassige Pferd

2. **das = Demonstrativpronomen (hinweisendes Fürwort)**
   Beispiel:
   War es **das** Feld oder jenes dort? Es war **das** Feld, auf dem es zur Missernte kam.

   Hier weist **das** auf ein Ding oder einen Sachverhalt hin. Es wird beim Sprechen betont und kann durch **dies** oder **dieses** ersetzt werden:
   War es **dieses** Feld oder jenes dort? Es war **dieses** Feld, auf dem es zur Missernte kam.

3. **das = Relativpronomen (rückbezügliches Fürwort)**
   Beispiel:
   Das Feld, **das** am Fluss liegt, wird gerade bestellt.
   Das bezieht sich auf das vorhergehende Substantiv Feld und kann durch **welches** ersetzt werden: Das Feld, **welches** am Fluss liegt, wird gerade bestellt.

4. **dass = Konjunktion (Bindewort)**
   Beispiel:
   Der Bauer hofft, **dass** es auf seinem Feld nicht wieder zu einer Missernte kommt.

   Durch **dass** wird ein Nebensatz eingeleitet; es lässt sich nicht durch **dies, dieses** oder **welches** ersetzen.

   Die Konjunktion dass wird nach der neuen Rechtschreibung mit **ss** geschrieben.

AUFGABE 13

Ersetze **das** durch **dies**, **dieses** oder **welches**. Schreibe den neuen Text in dein Trainingsheft.

Er sagte mir das im Vertrauen. Das Kind, das sich gestern den Fuß verstaucht hat, musste zum Arzt gebracht werden. Das Fass, das vom Wagen fiel, blieb unbeschädigt. Das ist das Haus, das abgebrochen werden soll. Sie gab mir das zur Aufbewahrung. War das ein Erlebnis! Du musst das Fenster hier schließen. Das musst du dir merken!

AUFGABE 14

Setze bei den folgenden Redensarten und Sprichwörtern **das** oder **dass** ein.

Was ein Häkchen werden will, ________ krümmt sich beizeiten.

Lerne nur ________ Glück ergreifen, denn ________ Glück ist immer da!

________ Feuer, ________ nicht brennt, soll man nicht löschen.

Glück und Glas, wie leicht bricht ________.

Was du heute kannst besorgen, ________ verschiebe nicht auf morgen!

________ ist der Fluch der bösen Tat, ________ sie fortwährend Böses muss gebären.

Was ich nicht weiß, ________ macht mich nicht heiß.

Was du nicht willst, ________ man dir tu, ________ füg auch keinem andern zu.

Es ist ein köstlich Ding, ________ ________ Herz fest werde.

Die Katze lässt ________ Mausen nicht.

Vorsilbe Miss-/miss-, Nachsilbe -nis

MERKE

miss- und -nis

Die Vorsilbe **Miss-/miss-** wird mit **ss** geschrieben (Missgunst, missdeuten).
Die Nachsilbe **-nis** wird mit **s** geschrieben (Erlebnis); im Genitiv (des Ereignisses) und im Plural (die Ereignisse) wird daraus **ss**.

AUFGABE 15 Bilde Wörter mit der Vorsilbe **Miss-/miss-**.

Miss-/miss-

lingen
Klang
handeln
Geschick
brauchen
achten
Verständnis
Gestalt
Mut
billigen
Ton
Gunst
deuten
Ernte
fallen
raten

AUFGABE

16 Vervollständige die Tabelle.

Singular	Plural	Genitiv
das Gleichnis	die Gleichnisse	des Gleichnisses
das Ärgernis	______	______
das Ereignis	______	______
______	die Begräbnisse	______
das Bildnis	______	______
______	______	des Bündnisses
das Erlebnis	______	______
______	die Ergebnisse	______
______	______	des Zeugnisses
das Verzeichnis	______	______
das Verhängnis	______	______

AUFGABE

17 Setze **s, ss** oder **ß** ein. Schreibe den Text auch in dein Trainingsheft.

Ein Mi___geschick

Mi___mutig ___ortierte ein Maler seine Bildni___e. Plötzlich pochte es drau___en an die Tür. Mi___billigend stie___ er mit seinem Fu___ auf den Boden. Dabei lie___ er das Bild einer Flu___landschaft fallen. Er stürzte zur Tür und ri___ sie auf. Die Postbotin grü___te ihn und reichte ihm zwei rie___ige Briefe. In einem waren ___ech___ Bücherverzeichni___e, im andern einige Erla___e des Finanzamte___. Dieses Erlebni___ lehrte ihn, künftig nicht so aufbrau___end zu ___ein.

Stolpersteine

MERKE

Gleiche Aussprache – unterschiedliche Schreibung

Folgende Wörter werden gleich gesprochen; sie werden aber unterschiedlich geschrieben und haben verschiedene Bedeutungen. Die unterschiedlichen Bedeutungen sind durch die Schreibweise zu erkennen:

- **fliehst** – **fließt**

Du fliehst vor dem Hund.

Das Wasser fließt aus dem Hahn.

- **reist** – **reißt**

Er reist nach Köln.

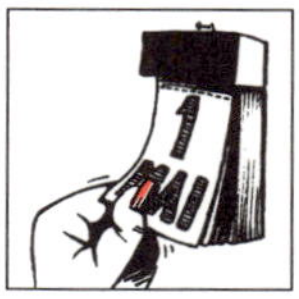

Sie reißt den Kalender ab.

- **bis** – **biss**
  Bis jetzt habe ich gewartet. – Der Hund biss ihn ins Bein.
- **fast** – **fasst**
  Sie wäre fast ertrunken. – Sie fasst nach einem sicheren Halt.
- **Frist** – **frisst**
  Die Frist ist abgelaufen. – Die Made frisst sich durch den Apfel.
- **hast / Hast** – **hasst**
  Du hast ein Missgeschick.
  Laufe ohne Hast! – Sie hasst diese Arbeit wie die Pest.
- **ist** – **isst**
  Es ist gut so. – Er isst immer in diesem Lokal.

AUFGABE

18 Wenn du die Stolpersteine genau angesehen hast, dann wird es dir keine Mühe bereiten, s, ss oder ß in die Lücken einzufügen. Schreibe die Sätze zur Übung in dein Trainingsheft.

- Fahre ohne Ha____t zur Schule,
  denn du ha____t noch genügend Zeit;
  einen Unfall ha____t schließlich jeder!
- Der Urlauber rei____t gerade ab,
  da rei____t ihm ein Räuber die Tasche aus der Hand.
- La____t mir die
  schwere La____t nicht fallen!
- „Lie____ mir ein Märchen vor!", bat die Dreijährige, doch Großmutter
  lie____ sich nicht erweichen.
- Der Vielfraß i____t zufrieden, wenn
  er gut i____t.
- Der Polizist hätte den Einbrecher fa____t
  gefa____t.
- Petra lief bi____ ans Tor,
  dort bi____ sie der Hund ins Bein.

Test

AUFGABE 19

An dieser alten Gedenktafel hat der „Zahn der Zeit“ schon mächtig genagt. Setze an den verwitterten Stellen s, ss oder ß ein. Schreibe den Text auch in dein Trainingsheft.

AUFGABE 20 Löse das Bilderrätsel. Wie heißt das Lösungswort? Lies von oben nach unten.

____

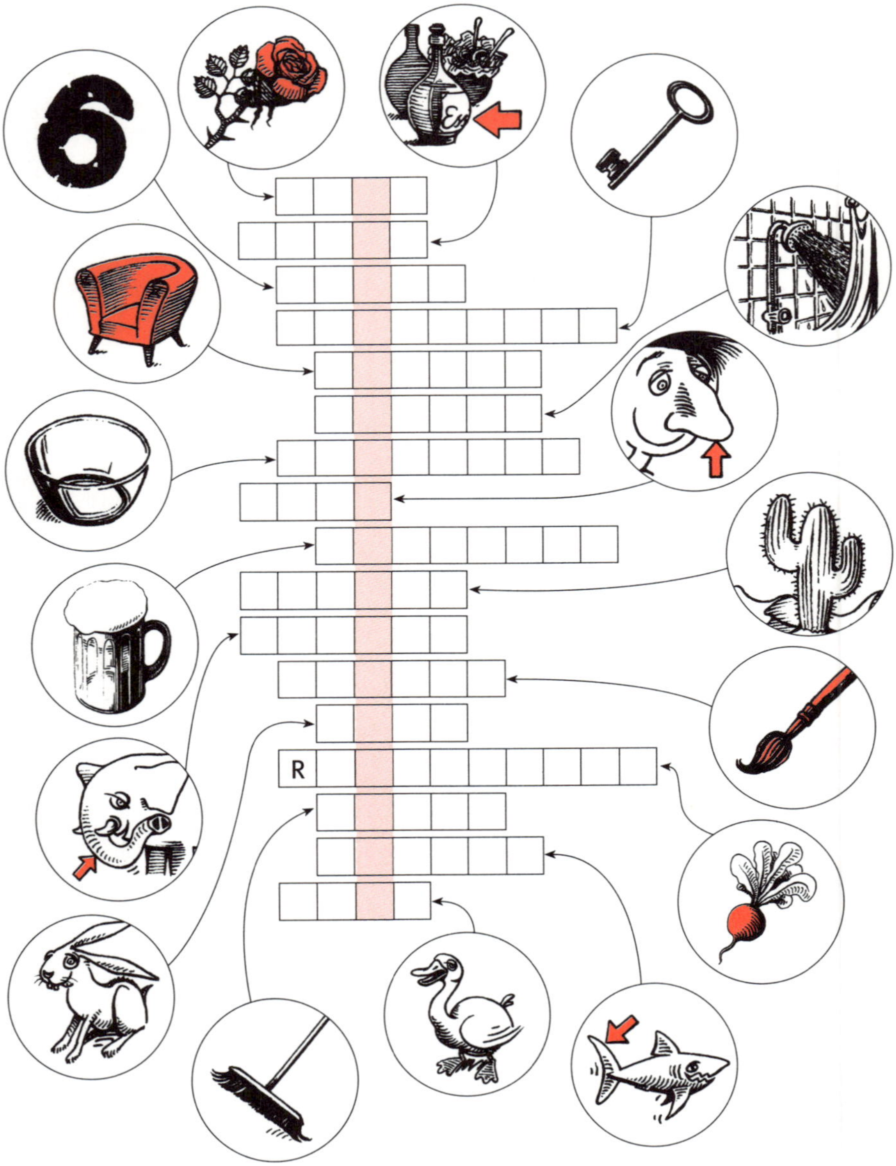

AUFGABE 21

Diesen Test kannst du dir diktieren lassen. Es ist aber auch möglich, dass du ihn auf eine Kassette sprichst. Du kannst ihn dann abhören und aufschreiben.

Auf Europas größtem Gletscher

Der Vatnajökull im Südosten von Island ist größer als alle Gletscher Europas zusammen. Messungen haben ergeben, dass das Eis bis zu 700 Meter dick ist. Viele Berichte geben uns Zeugnis von gelungenen oder missglückten Überquerungen. Der Weg über das Eis ist bis heute riskant. Einmal liegt der Gletscher unter dem blauen Himmel mit gleißender Sonne. Dann wieder verschleiert sich der Himmel, das Licht wird milchig und die endlose Weite hat kein Gesicht mehr. Hügel, Mulden oder Hindernisse lassen sich kaum noch unterscheiden. Man verliert die Orientierung; nur der Kompass weist die Richtung. Um nicht über Abrisskanten oder in Gletscherspalten zu stürzen schlägt man am besten sein Lager auf.

5 Gleich und ähnlich klingende Vokale

Wenn du die folgenden Wortpaare laut und deutlich liest, dann erfährst du, dass gleich klingende oder zumindest ähnlich klingende Vokale unterschiedlich geschrieben werden:

Felle	–	Fälle	heute	–	Häute
Beeren	–	Bären	Seite	–	Saite

Bei Wörtern mit gleich und ähnlich klingenden Vokalen kannst du die richtige Schreibweise nicht durch das Hören finden. Weil hier der Grundsatz „Schreibe, wie du hörst!“ nicht gilt, stellen wir dir für die Schreibung von **e** oder **ä**, **eu** oder **äu** und **ei** oder **ai** in den folgenden Kapiteln andere Rechtschreibhilfen vor.

e oder ä

AUFGABE 1

Suche aus den Angeboten der Marktfrau Grete die Wörter mit **e** oder **ä** heraus und ordne sie nach folgender Tabelle in dein Trainingsheft.

e	ä

Wenn du diese Wörter laut liest, wirst du merken, dass **e** und **ä** gleich oder sehr ähnlich klingen. Du kannst daher von der Aussprache des Wortes nicht auf seine Schreibweise schließen. Die folgende Regel wird dir aber helfen:

MERKE

e oder ä

1. Man schreibt **ä** statt **e**, wenn es eine Grundform mit **a** gibt: Behände wegen Hand, Kälte wegen kalt, überschwänglich wegen Überschwang, Gämse wegen Gams, Stängel wegen Stange. Suche also bei Unsicherheiten immer ein verwandtes Wort!
2. In wenigen Wörtern kann man **e** oder **ä** schreiben:
   – Schenke wegen ausschenken oder Schänke wegen Ausschank;
   – aufwendig wegen aufwenden oder aufwändig wegen Aufwand.
3. In wenigen Wörtern schreibt man **ä**, ohne dass es eine Grundform mit **a** gibt: ätzen, dämmern, Geländer, Lärm, Schärpe.
4. In wenigen Wörtern schreibt man **e**, obwohl es eine Grundform mit **a** gibt: Eltern trotz alt.

AUFGABE **2** Suche zuerst das Stammwort und fülle dann die Lücken.

Sch____dlinge
besch____digen
sch____dlich
____

Geldf____lscher
f____lschlicherweise
verf____lschen
____

Vertr____tung
Tr____tmühle
vertr____tbar
____

AUFGABE **3** Robby macht alle Dinge klein. Schreibe die Verkleinerungsformen in dein Trainingsheft.

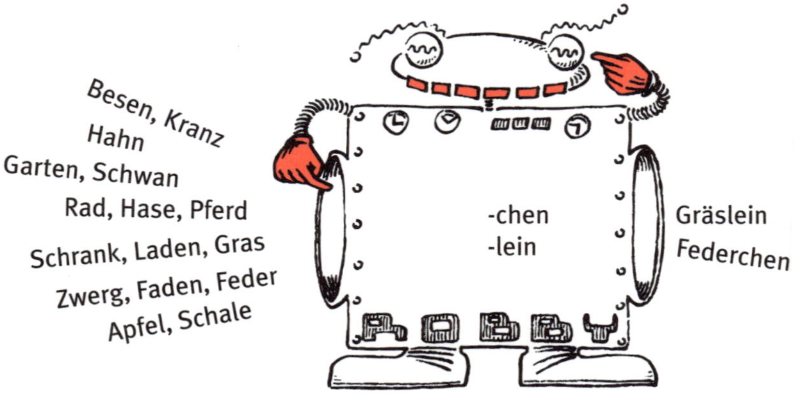

AUFGABE 4

Hier ist etwas durcheinander geraten. Überlege und schreibe die Wörter richtig in dein Trainingsheft.

Trägung	Grätschbruch	Säbeltrupp
Dämmerkeit	Märchensprung	Mädchenklinge
Dämlichheit	Schädelfee	Spähkleid

AUFGABE 5

Löse folgendes Silbenrätsel. Die angegebenen Silben helfen dir.

z												
Ä												
f		h										
g					n							
b				b		g						
g			ß			c						
h			s	c				n				
a			m			l						
S		b			s					e		
H			d		g					f	f	
P		p		g				k				g

Äh – all – be – bel – big – de – en – fä – fig – gäh – ge – gei – gräß – hä – hät – hig – Hun – kä – kläff – lich – lich – mäh – nen – Pa – pa – re – Sä – scheln – spit – zäh – ze

Stolpersteine

MERKE

Folgende Wörter werden gleich gesprochen; sie werden aber unterschiedlich geschrieben und haben verschiedene Bedeutung. Die verschiedenen Bedeutungen sind durch die Schreibung mit **e** oder **ä** zu erkennen:

Stelle
an der Unfallstelle sein

Ställe
das Vieh in die Ställe treiben

Lerche
die Lerche trällert ein Lied

Lärche
der Lärchenbaum grünt

Geste
jemand mit freundlicher Geste begrüßen

Gäste
die Gäste betreten das Haus

Strenge
das Kind wird streng erzogen

Stränge
wenn alle Stränge reißen

Schwemme
die Straße überschwemmen

Schwämme
Schwämme für die Tafel

Gewehr
mit dem Gewehr schießen

Gewähr
sie übernimmt keine Gewähr

Test

AUFGABE 6 Löse das Bilderrätsel.

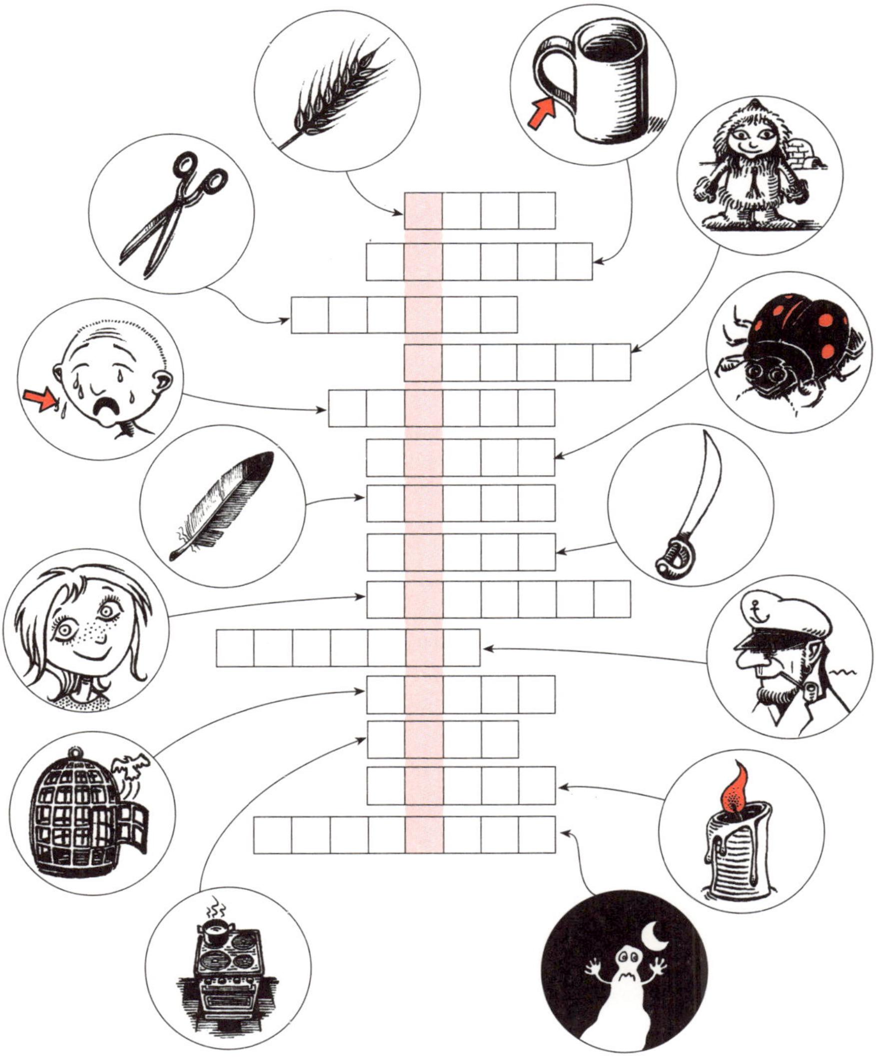

AUFGABE 7

Schreibe das folgende Gedicht ab und setze **e** oder **ä** ein.

Wer glaubt das?

Ich sah viele Lügengeschichten
und will alle euch berichten:

Ich sah, wie eine Maus eine Katze f____ngt
und sie an einen Nagel h____ngt.

Ich sah, wie eine Blume den R____gen
bespr____ngt
und ihn unter die Sonne m____ngt.

Ich sah, wie ein Reiter sein Pf____rd tr____gt
und es unter einen Baum niederl____gt.

Ich sah, wie ein Esel den Stock schl____gt,
der den Sack nicht von der Stelle bew____gt.

Ich sah, wie ein Baum eine Axt f____llt,
und sie dann wieder hinst____llt.

Ich sah, wie eine Schnecke ein Haus tr____gt
und alle Starken damit schl____gt.

Ich sah, wie das Obst die K____lter pr____sst
und sie nicht aus dem Safte l____sst.

Ich sah, wie ein Hügel einen Maulwurf vergr____bt
und ihn in das Licht ____mporh____bt.

Ich sah noch viele Lügengeschichten
und will keine mehr berichten.

eu oder äu

AUFGABE 8

Die beiden Clowns jonglieren mit Silben. Bilde daraus Wörter und schreibe sie nach folgender Tabelle in dein Trainingsheft.

eu	äu

Wenn du diese Wörter laut liest, wirst du merken, dass **eu** und **äu** gleich gesprochen werden. Du kannst daher von der Aussprache des Wortes nicht auf dessen Schreibweise schließen. Die folgende Regel wird dir aber helfen:

MERKE

eu oder äu

1. Man schreibt **äu** statt **eu**, wenn es eine Grundform mit **au** gibt: Geb**äu**de wegen b**au**en, schn**äu**zen wegen Schn**au**ze, verbl**äu**en wegen bl**au**, Gr**äu**el wegen Gr**au**en. Suche also bei Unsicherheiten immer ein verwandtes Wort!
2. In wenigen Wörtern schreibt man **äu**, ohne dass es eine Grundform mit **au** gibt: Knäuel, sich räuspern, Säule, sich sträuben.

AUFGABE 9

Es rauscht im Blätterwald. Viele Blätter sind schon abgefallen. Du sollst zu den einzelnen Wörtern das Stammwort finden. Notiere wie im Beispiel in dein Trainingsheft: Säure – sauer – abräumen – Raum – usw.

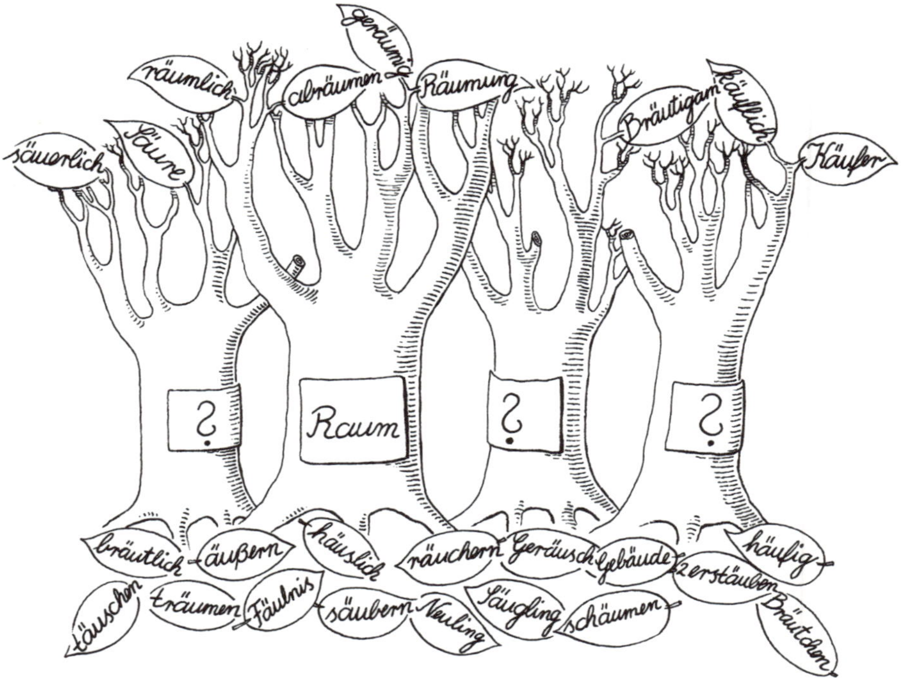

AUFGABE **10**

Robby bildet aus dem Singular den Plural. Schreibe die Mehrzahlwörter in dein Trainingsheft.

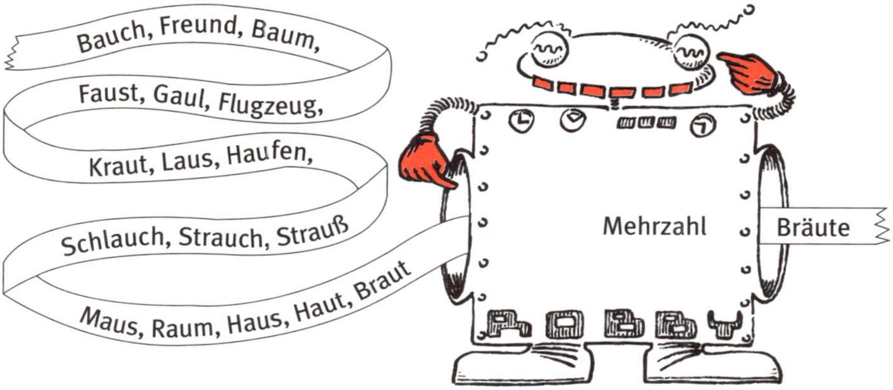

AUFGABE **11**

-chen und **-lein** machen alle Dinge klein. Schreibe hier die Verkleinerungsformen auf.

Auge	–	Äuglein
Bauer	–	______________
Daumen	–	______________
Pflaume	–	______________
Beutel	–	______________
Schaufel	–	______________
Freund	–	______________
Staub	–	______________
Taube	–	______________
Teufel	–	______________
Strauß	–	______________
Mauer	–	______________

Gleiche Aussprache – unterschiedliche Schreibung

MERKE

Folgende Wörter werden gleich gesprochen; sie werden aber unterschiedlich geschrieben und haben verschiedene Bedeutung. Sie sind durch die Schreibung mit **eu** oder **äu** zu erkennen

- **Leute**

Jemand ist leutselig.

– **Läuten**

Glocken läuten.

- **heute**

Heute ist der 30. Mai.

– **Häute**

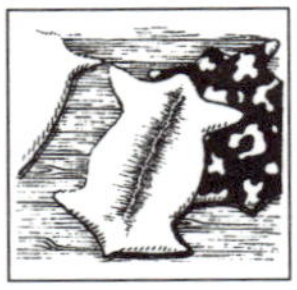

Aus Tierhäuten macht man Leder.

Test

AUFGABE 12

Lies den folgenden Text laut und deutlich. Präge dir die einzelnen Sätze ein und schreibe sie nach dem Gedächtnis in dein Trainingsheft.

Heute war ein gräulich verhangener Novembertag. Einige Leute entdeckten kurz nach dem Mittagläuten einen Toten. Er lag unter Bäumen im Park und war teilweise durch Tierhäute verdeckt: Eine Verkäuferin verständigte die Polizei. Kurz darauf erschien ein Polizeileutnant um die Gräueltat zu untersuchen. Der unbekannte Ermordete ist 1,72 m groß, hat bräunliches Haar und trägt einen gräulichen Pullover zu bläulichen Jeans. In der Nähe des Kreuzbeines befinden sich zwei Einschüsse.
Die Bevölkerung wird um Mithilfe bei der Aufklärung dieses gräulichen Verbrechens gebeten.

AUFGABE 13

Löse das Bilderrätsel.

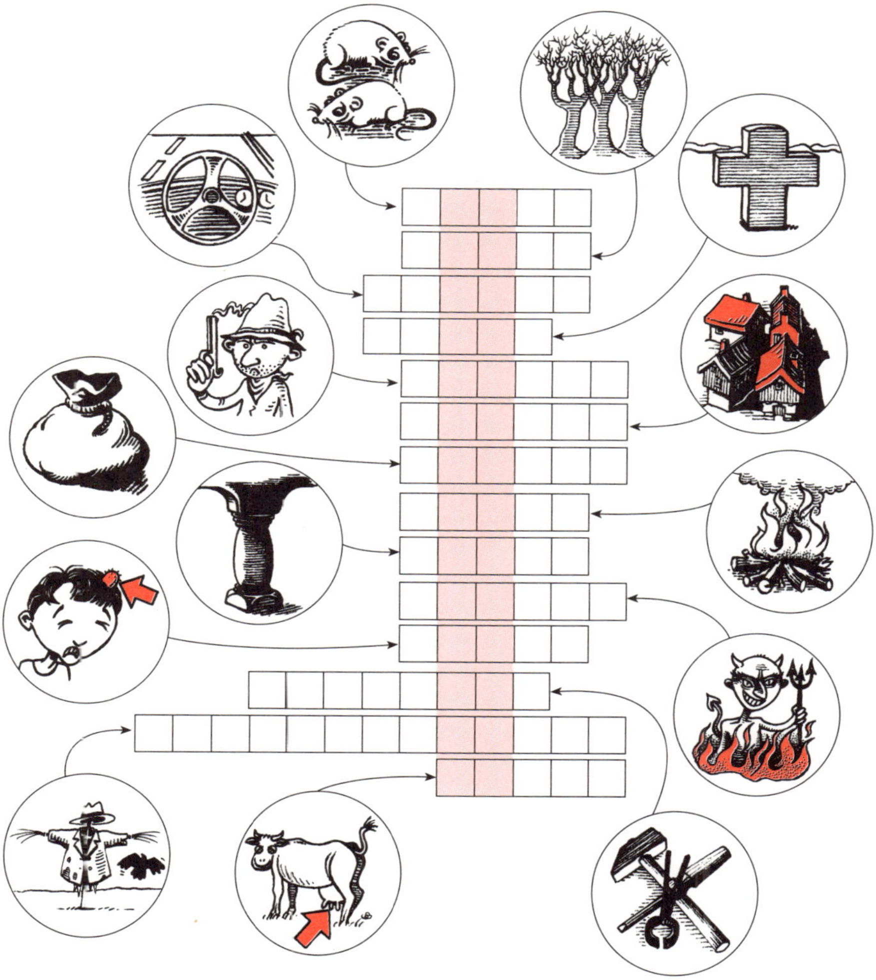

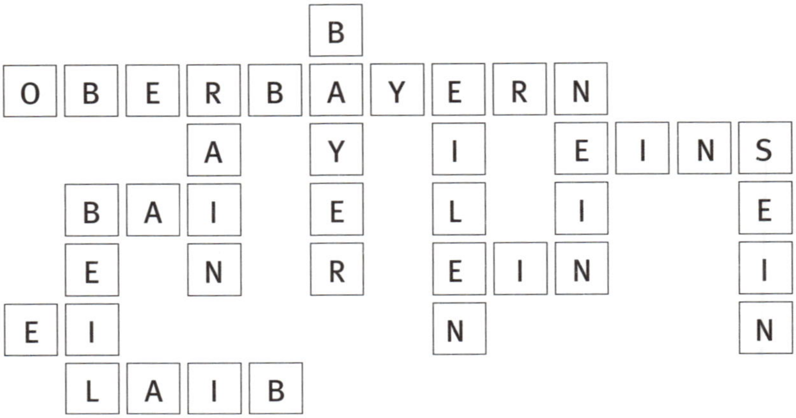

AUFGABE 14

Ordne die 12 Wörter aus dem Scrabble nach folgender Tabelle in dein Trainingsheft.

ei	ai	ay

Wenn du diese Wörter laut liest, wirst du merken, dass ei, ai und ay gleich gesprochen werden. Du kannst daher von der Aussprache eines Wortes nicht auf dessen Schreibweise schließen. Die folgende Regel wird dir aber helfen:

MERKE

ei oder ai

1. In wenigen Wörtern schreibt man **ai** statt **ei**.
   Präge dir diese Wörter ein: Bai, Hai, Hain, Jamaica, Kai, Kain, Kaiser, Laib, Laich, Laie, Lakai, Mailand, Main, Mainz, Mais, Rain, Saite, Taifun, Waise und die Fremdwörter Detail, Taille.
2. Das **ay** kommt als Ausnahme nur im Wort Bayern vor.

AUFGABE 15

Bilde zusammengesetzte Substantive. Schreibe sie in dein Trainingsheft.

Jamaica
Brot
Kai
Detail
Mais
Geigen
Buchen
Taillen

Weite
Feld
Plan
Rum
Mauer
Laib
Hain
Saite

AUFGABE 16

Hier ist etwas durcheinander gekommen. Stelle richtig und schreibe die zusammengesetzten Wörter auf.

Hafenrain	Froschwaise	Kaifisch
Futterbai	Halblaib	Kaisermauer
Wegmais	Brotlaich	Haikrone

AUFGABE 17 Löse das Leiterrätsel.

1 Getreideart
2 Monatsname
3 Titel für einen Herrscher
4 Ufermauer
5 Kind ohne Eltern
6 Ackergrenze
7 Fluss durch Würzburg
8 Diener
9 gefährlicher Raubfisch
10 Nichtfachmann
11 Fisch- oder Froscheier
12 geformtes Brot
13 Stadt am Rhein
14 Bruder Abels

AUFGABE 18 Bilde Verben wie angegeben. Schreibe sie auch in dein Trainingsheft.

w		h	f	t	z	n	r		
e									
i									
h	l				g		t	z	ß
e									
n									

Stolpersteine

MERKE

Gleiche Aussprache – unterschiedliche Schreibung

Folgende Wörter werden gleich gesprochen; sie werden aber unterschiedlich geschrieben und haben verschiedene Bedeutung. Die verschiedenen Bedeutungen sind durch die Schreibung mit **ei** oder **ai** zu erkennen:

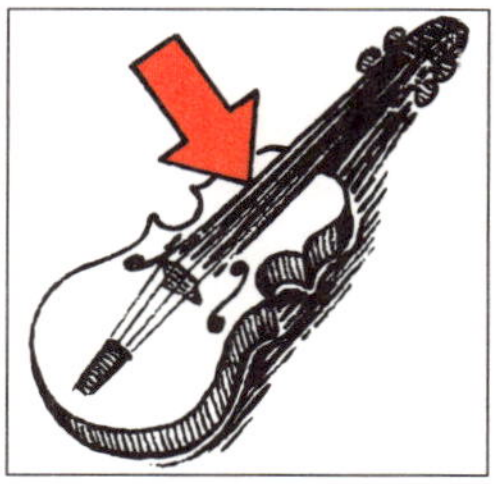

● **Saite** Geigensaite		– **Seite** Buchseite
● **Laib** Brotlaib		– **Leib** Leibschmerzen
● **Waise** Waisenkind		– **Weise** Rat der Weisen
● **Rain** Wegrain	– **Rhein** Rheinmündung	– **rein** reine Hände haben
● **Kain** Kain und Abel		**kein** keine Lust
● **Main** Mainufer		**mein** meine Eltern

Test

AUFGABE 19

Rainer spielt mit dem **ai**-Ball und Heiner mit dem **ei**-Ball gegen die Torwand. Schreibe die erzielten Treffer in dein Trainingsheft. Wer ist Sieger?

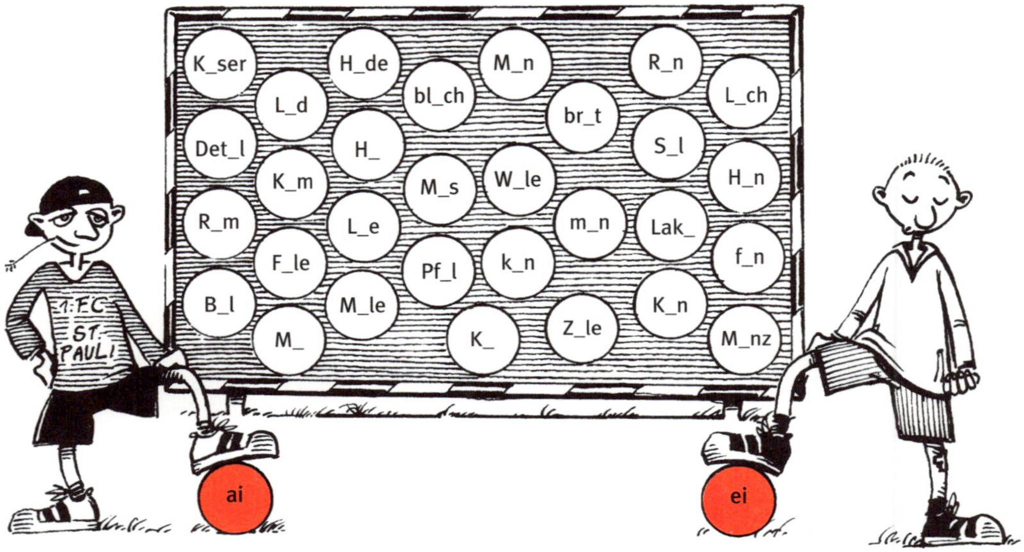

AUFGABE 20

Diesen Text kannst du dir diktieren lassen. Es ist aber auch möglich, dass du ihn auf eine Kassette sprichst. Du kannst ihn dann abhören und aufschreiben.

Wanderung im Mai

An einem Morgen im Mai rüsteten wir uns für eine Wanderung. Ein Laib Bauernbrot, harte Eier und feine Saitenwürste kamen in den Rucksack. Die Butter wurde in einer Dose verpackt und in ein feuchtes Tuch gewickelt. Vorbei an Weiden, Weizen- und Maisfeldern strebten wir den Bergen zu. Klatschmohn und Löwenzahn säumten Wege und Raine. Die Hainbuchen und Birken zeigten zartgrünes Laub. An einem stillen Weiher wurde eine kleine Rast eingelegt. Aus dem Froschlaich waren bereits Kaulquappen geschlüpft. Zeisige und Blaumeisen erfreuten uns mit ihrem Gezwitscher. Nach einer Weile ging es steil bergan und mir brach bald der Schweiß aus. Als wir den Gipfel erreicht hatten, wurden wir durch einen herrlichen Ausblick über das weite Land für unsere Mühen belohnt. Die Luft war an diesem Tag so rein und klar, dass man die Alpenkette vom Hochrhein bis nach Bayern erkennen konnte.

6

Gleich und ähnlich klingende Konsonanten

Die ks-Laute

KLEINE HEXEREI

Krickel, kraxel, Klecks –
da kommt die alte Hex;
holt flugs das Hexenbuch herbei,
knackst von der Echse schnell ein Ei
und rührt es mit der Nixe Zopf
in ihrem großen Kupfertopf.

Sie braut auf Kokses Flammen
den Zaubertrunk zusammen.

Geheimnisvoll ist die Mixtur;
sie braucht mal viel, mal wenig nur:
sechs Haare von dem Dachs,
zwei Flossen von dem Lachs,
samt Krallen von dem Fuchs
und Augen von dem Luchs.

Soll zum Erfolg dies führen,
muss links herum sie rühren;
muss erst auf einem Beine stehn,
dann rings um ihren Kessel gehn.
Den Text aus ihrem Hexenbuch
muss murmeln sie als Zauberspruch.

Krickel, kraxel, Klecks –
fertig ist die Hex.

AUFGABE **1**

Suche aus dem Gedicht die Wörter mit **x, ks, cks, chs** und **gs** heraus und ordne sie nach folgender Tabelle in dein Trainingsheft:

ks	x	chs	gs	cks

AUFGABE **2**

Lies die Wörter in deiner Tabelle laut und deutlich! Du hast sicher schon gemerkt, dass diese **ks**-Laute gleich gesprochen, aber unterschiedlich geschrieben werden. Du kannst also nicht von der Aussprache eines Wortes auf dessen Schreibweise schließen. Deshalb ist es notwendig, dass du dir folgende Regeln merkst:

MERKE

ks, x, chs, gs oder cks

Die Lautverbindung **ks** wird ganz unterschiedlich geschrieben:

1. Wenige Wörter werden mit **ks** geschrieben (Keks, Koks, links, murksen und schlaksig).
2. Das **x** steht
   - in einigen deutschen Wörtern (Axt, Faxen, feixen, Hexe, kraxeln, lax und Nixe)
   - und in vielen Fremdwörtern (Exemplar, Express, Praxis, Lexikon ...)
3. Das **chs** schreibt man nur in einigen Wörtern: Achse, Achsel, Büchse, Dachs, drechseln, Echse, Flachs, Fuchs, Lachs, Luchs, Ochse, sechs, Wachs, wachsen, Wechsel, Wichse.
   Diese Wörter lassen sich nicht ableiten. Du musst sie dir durch die nachfolgenden Übungen einprägen.
4. Bei einigen Wörtern mit **gs** und **cks** hilft dir die Ableitung.
   - **gs:** anfangs – anfangen
   - **cks:** zwecks – Zweck

AUFGABE 3

Löse das folgende Rätsel mit den fünf verflixten x.

1	X				
2		X			
3			X		
4				X	
5					X

1 Jungenname
2 etwas Besonderes
3 mischen
4 Mädchenname
5 Jungenname

AUFGABE 4

Bei diesen zusammengesetzten Substantiven fehlt ein Teil. Ergänze ihn jeweils.

Folgende Wörter können dir helfen:

Axt, boxen, Experte, Explosion, Export, extra, fix, Fox, Hexen, Lexikon, Luxus, Praxis

E_______________gefahr

Wirtschafts_______________

_______________stern

E_______________blatt

E_______________kaufmann

L_______________jacht

Streit_______________

_______________terrier

Arztp_______________

_______________besen

_______________kampf

Fremdwörter_______________

AUFGABE 5

Schreibe die beim Scrabble gelegten Wörter in dein Trainingsheft.

K	E	K	S		M			
O					U			
K					R		L	
S	C	H	L	A	K	S	I	G
					S		N	
					E		K	
					N		S	

AUFGABE
6 Suche zu den folgenden Wörtern mit **gs** mögliche Ableitungen und schreibe die gefundenen Wörter auf.

unterwegs – Weg

anfangs – ____________________

mittags – ____________________

rings – ____________________

Anhängsel – ____________________

allerdings – ____________________

flugs – ____________________

längs – ____________________

AUFGABE
7 Suche zu den folgenden Wörter mit **cks** mögliche Ableitungen und schreibe die gefundenen Wörter auf.

zwecks – Zweck

augenblicks – ____________________

hinterrücks – ____________________

Klecks – ____________________

Knacks – ____________________

Knicks – ____________________

tricksen – ____________________

AUFGABE
8 Setze die Buchstaben nach den Kennnummern in die Rätselkästen ein!

1	2	3	4	5	6	7	8	9	10	11	12	13	14	15	16
A	Ä	C	D	E	F	H	I	L	N	O	R	S	U	Ü	W

16	5	3	7	13	5	9	10

G	5	16	2	3	7	13

6	14	3	7	13	8	5

5	8	4	5	3	7	13	5

13	2	3	7	13	8	13	3	7

1	3	7	13	5	9

4	12	5	3	7	13	5	9	10

B	15	3	7	13	5

11	3	7	13	5	10

4	5	8	3	7	13	5	9	10

4	1	3	7	13

6	14	3	7	13

9	14	3	7	13

Test

AUFGABE 9 Fülle mit Robby die Lücken. Schreibe die Wörter in dein Trainingsheft.

Anhän____el, kni____en, rück-
lin______, sä____isch, Schi____al,
Ale____ander, e____plodieren,
län____, lin____, schnurstra____,
schlechterdin____, Dre____ler,
augenbli____, bo____en,
E____emplar, e____istieren,
e____tra, we____seln,
kle____en, Da____, flu____,
Mi____tur, fla____en,
fei____en, A____t,
hinterrü____, E____press,
We____el, ta____über, aller-
din____, unterwe____, mu____en,
A____el, mur____en, Ke____

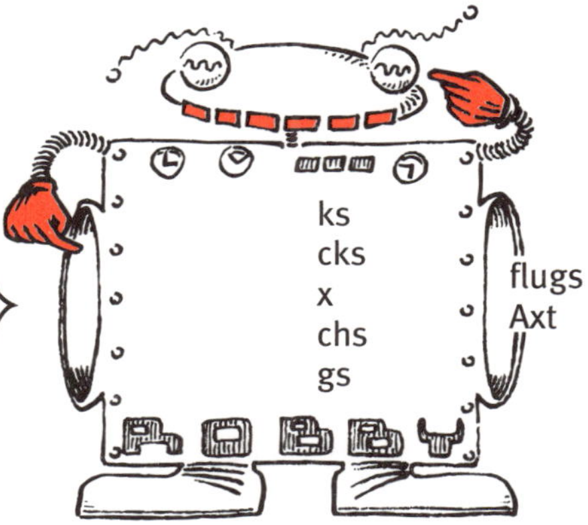

AUFGABE 10 Diesen Text kannst du dir diktieren lassen. Es ist aber auch möglich, dass du ihn auf eine Kassette sprichst. Du kannst ihn dann abhören und aufschreiben.

Zirkus auf dem Exerzierplatz

Eine Tierschau zu Extrapreisen ist angekündigt. Da gibt es Löwen, Tiger, Elefanten, Pferde, Seehunde, Dachse und Füchse. Im Programm ist sogar ein Boxer angekündigt. Auch Clowns wollen ihre Faxen machen. Ich löse eine Karte. Dann rollt ein abwechslungsreiches Programm ab. Am besten gefällt mir allerdings die Kunstreiterin. Sie lächelt, macht einen Knicks und springt schnurstracks aufs Pferd. Die Reiterin steht auf dem Pferde, springt durch Reifen, macht Kopfstände, kann einfach alles. Nach der Vorstellung regnet es und wir müssen uns unterwegs ein Taxi nehmen.

(gekürzt nach Heinrich Scharrelmann)

Die f-Laute

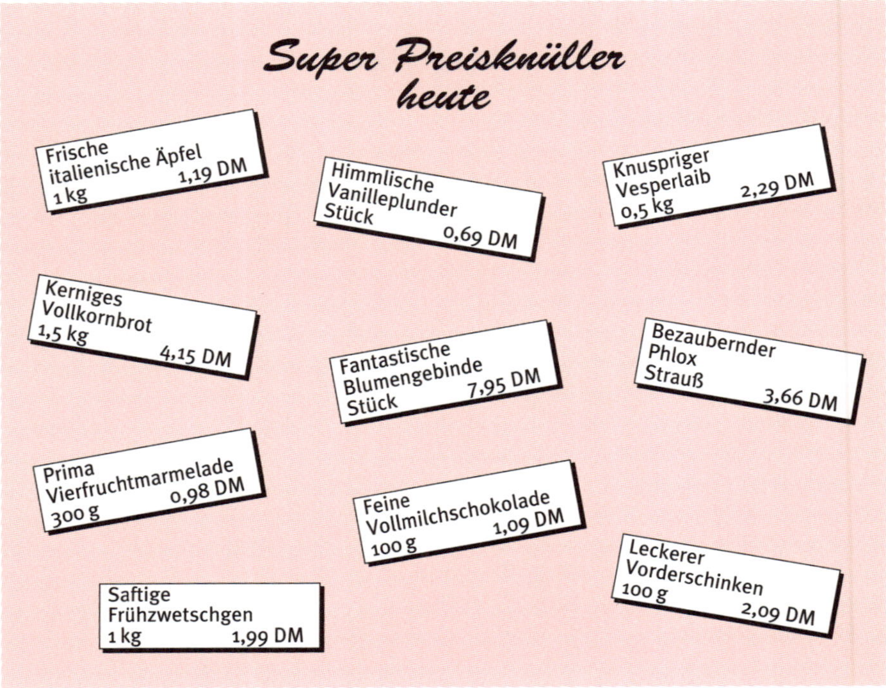

AUFGABE 11

Suche aus dem Werbeangebot die Wörter mit **f, v** und **ph** heraus und ordne sie nach folgender Tabelle in dein Trainingsheft:

f	v	ph

AUFGABE 12

Lies die Wörter in deiner Tabelle laut und deutlich. Du hast sicher schon gemerkt, dass die **f**-Laute – mit Ausnahme im Wort Vanille – gleich gesprochen, aber unterschiedlich geschrieben werden. Du kannst also nicht von der Aussprache eines Wortes auf dessen Schreibweise schließen. Deshalb ist es notwendig, dass du dir folgende Regeln merkst:

MERKE

f, ph oder v

Der **f**-Laut wird unterschiedlich geschrieben:

1. In sehr vielen Wörtern schreibt man **f**: Fabel, Faden, fertig, Graf, Hof …
2. In einigen Wörtern schreibt man **v**: brav, Nerv, Volk, Vogt …
3. In einer Reihe von Fremdwörtern wird **v** wie **w** gesprochen: Vanille, Violine, Vitrine …
4. Viele Fremdwörter schreibt man mit **ph**: Geographie, Phase, Atmosphäre, Katastrophe …

Aber einige Wörter haben sich der deutschen Sprache angepasst. Hier ist die Schreibweise mit **f** zu bevorzugen: Telefon, Fotografie, Grafik, Mikrofon.

f oder v

AUFGABE 13

Robby bildet neue Substantive, indem er die Anfangsbuchstaben gegen ein **f** oder **v** austauscht. Schreibe die Wörter in dein Trainingsheft.

Diese „Eselsbrücke“ kann dir die Lösung der Aufgabe 13 erleichtern:

Vers, Vetter, Veilchen, brav,
verwandt,
sind als v-Wörter bekannt.
Doch auch Vater, viel und vier,
die zu merken rat ich dir.

Auch noch Vogel, Volk und voll
man mit v stets schreiben soll;
auf dass es aber alles wär,
denk noch an die Silben vor- und
ver-.

AUFGABE 14

Zauberei: Durch die Vorsilbe **ver-** kannst du jeweils ein neues Wort mit einer neuen Bedeutung bilden. Schreibe die Wörter in dein Trainingsheft.

lassen, heilen, dunkel, fein, kurz,
fluchen, hungern, besser,
spotten, edel, bitter, reisen, tief,
tauschen, einig, besser, faulen,
ehren, klein, spät, rosten, enden

AUFGABE 15

Bilde zusammengesetzte Substantive mit **Ver-**, **Voll-**, **Vor-** oder **Vorder-**. Schreibe die Wörter in dein Trainingsheft.

die -sammlung, das -kornmehl, das -rad, der -kehr, der -brauch, der -dacht, das -teil, die -achse, die -silbe, der -bart, das -steck, der -rat, der -band, die -gangenheit, die -milch, der -mond, der -turner, das -trauen, die -freude

AUFGABE 16

Bilde zusammengesetzte Substantive. Beachte, dass am Wortanfang sowohl Wörter aus der linken als auch Wörter aus der rechten Spalte stehen können. Schreibe sie anschließend in dein Trainingsheft.

Violin(e)	Markt
Verlies	Vereins
Veilchen	Spieler
Land	Vulkan
Lied	Zählung
Vorstand	Burg
Vogel	Pudding
Kammer	Versand
Volk(s)	Scheuche
Geschäft	Vesper
Lichtbilder	Vers
Ausbruch	Vorrat(s)
Vieh	Vortrag
Brot	Vater
Vanille	Duft

ph

AUFGABE **17**

Die folgende Liste enthält Wörter, die man mit **ph** oder **f** schreiben kann. Vervollständige die Liste.

Graphik	–	Grafik
Mikrophon	–	____________
____________	–	Fantasie
Symphonie	–	____________
stenographieren	–	____________
____________	–	telegrafieren
Delphin	–	____________
____________	–	Paragraf

AUFGABE **18**

Folgende Fremdwörter schreibt man weiterhin nur mit **ph.** Schreibe sie zur Übung in dein Trainingsheft.

Atmosphäre	–	Maßeinheit für Druck; Stimmung
Peripherie	–	Umfangslinie, Rand, Randgebiet
Phase	–	Abschnitt bei einem Ablauf
Physik	–	Naturlehre
Katastrophe	–	unheilvolles Ereignis

Test

AUFGABE 19 Setze die Mosaiksteine richtig in die weißen Felder ein.

AUFGABE 20

Folgenden Text kannst du dir diktieren lassen. Es ist aber auch möglich, dass du ihn auf eine Kassette sprichst. Du kannst ihn dann abhören und aufschreiben.

Die erste Fahrstunde

Heute hat Philipp die erste Fahrstunde hinter sich gebracht. Als er ins Fahrzeug stieg, war er recht nervös. Der Fahrlehrer sorgte für eine entspannte Atmosphäre. Als an einer Ampel die Grünphase kam, würgte er den Motor ab. An einer gefährlichen Kreuzung beachtete er die Vorfahrt nicht und es hätte fast eine Katastrophe gegeben. Zum Glück war der Fahrlehrer auf alles gefasst. Schließlich kamen sie in die Außenbezirke der Stadt und der Verkehr wurde ruhiger. Hier musste Philipp vorwärts und rückwärts fahren. Dabei stieß er einmal mit dem Vorderrad an den Bordstein. Am Schluss der Fahrstunde war Philipp fix und fertig.

7 Groß- und Kleinschreibung

Die Groß- und Kleinschreibung ist ein schwieriges Kapitel in der deutschen Rechtschreibung. Um hier zu vereinfachen hat man immer wieder vorgeschlagen, eine „gemäßigte Kleinschreibung“ einzuführen. Darunter versteht man, dass alle Wörter kleingeschrieben werden. Nur die Namen, die Eigennamen und das Wort am Anfang des Satzes oder einer Überschrift werden großgeschrieben. Macht man es sich aber nicht zu leicht, wenn man die deutsche Rechtschreibung so vereinfachen will?
Darüber gehen die Meinungen weit auseinander. In der Kommission, welche die Rechtschreibreform von 1996 vorbereitet hat, ist darüber sicher heftig diskutiert worden. Schließlich hat man an der Groß- und Kleinschreibung festgehalten. Das folgende Interview mit dem von uns erfundenen Herrn Professor Deutschmann nennt dir einige Überlegungen dazu.

Interview

I.: Herr Professor Deutschmann, Sie haben sich während der Diskussion um die Rechtschreibreform immer dafür eingesetzt, die Groß- und Kleinschreibung beizubehalten. Warum sind Sie nicht für die gemäßigte Kleinschreibung, wie sie beispielsweise die Engländer schon lange und die Dänen seit 1948 haben?

D.: Zunächst bin ich gegen die Kleinschreibung, weil dadurch das Lesen eines Textes erschwert wird. Die Großbuchstaben gliedern das Schriftbild. Das lesende Auge erfasst den Text mit seinen Wortgestalten besser. Dadurch kann der Lesende den Sinn des Geschriebenen schneller erfassen.

I.: Das scheint mir zu vordergründig. Schon nach kurzer Zeit hätten wir uns an das Schriftbild bei der Kleinschreibung gewöhnt, auch wenn es uns jetzt vielleicht ungewohnt oder fremd vorkommt.

D.: Ich würde Ihnen zustimmen, wenn das meine einzige Begründung wäre. Ohne Großschreibung kommt es nämlich zu Missverständnissen. Nehmen Sie doch nur einmal den folgenden Satz in Kleinschreibung:

„der gefangene floh." Wurde nun ein Floh gefangen oder floh ein Gefangener?

I.: *Das leuchtet mir ein. Es ist aber recht mühsam, sich in den Dschungel von Regeln für die Groß- und Kleinschreibung einzuarbeiten. Die Regeln kann sich doch kaum ein Mensch merken!*

D.: *Ganz so schlimm ist es nun doch nicht. Die Zahl der Regeln wurde durch die Reform von 1996 verringert. Während meiner Mitarbeit an dieser Reform habe ich herausgefunden, dass man mit folgenden vier Grundregeln schon sehr weit kommt:*

MERKE

Groß- und Kleinschreibung

1. Alle Substantive und alle als Substantive gebrauchte Wörter schreibt man groß.
   Beispiele: das Schiff, beim Springen, alles Schöne, kein Für und Wider.
2. Alle Eigennamen schreibt man groß.
   Beispiele: das Schwarze Meer, die Königsberger Klopse, der Heilige Abend.
3. Spricht man in einem Brief jemand höflich mit **Sie** an, dann wird dieses Anredepronomen und das entsprechende Possessivpronomen **Ihr** großgeschrieben.
   Beispiel: Ich beglückwünsche **Sie** zu **Ihrem** heutigen Festtag.
   Aber:
   Spricht man in einem Brief jemand mit **du** an, dann wird dieses Anredepronomen und die Pluralform **ihr** sowie die entsprechenden Possessivpronomen **deine** und **euer** kleingeschrieben.
   Beispiel: Ich beglückwünsche **dich** zu **deinem** heutigen Festtag.
4. Das erste Wort in einem Satz oder einer Überschrift schreibt man groß.

I.: *Diese vier Regeln sind eigentlich leicht zu behalten. Kommt man damit aber in allen Rechtschreibfällen aus?*

D.: *Man kommt mit diesen Regeln tatsächlich in den allermeisten Fällen aus. Eine Schwierigkeit darf ich aber nicht verschweigen. Sie tritt auf, wenn es zu entscheiden gilt, ob ein Wort als Substantiv gebraucht wird oder nicht. Ich zeige das am Beispiel:*
– Das Grün des Grases ist erfrischend.
– Das Gras ist erfrischend grün.
Im ersten Satz wird das Adjektiv grün als Substantiv verwandt, im zweiten Satz ist grün ein im Prädikat stehendes Adjektiv.

I.: *Herr Professor Deutschman, wir danken Ihnen für Ihre Ausführungen.*

Dieses Interview gibt dir vier Grundregeln, die dir bei der Großschreibung helfen können. Herr Professor Deutschmann macht aber auf die Schwierigkeit aufmerksam, das Substantiv oder ein als Substantiv gebrauchtes Wort zu erkennen. Die nachfolgenden Kapitel werden dir dabei helfen.

Substantive

Zwillinge (21.5. bis 21.6.)
Diese Woche erlebst du einen Auftrieb. Hüte dich aber vor Angebertum und Selbstbetrug. Sonst könnte eine Freundschaft in die Brüche gehen.

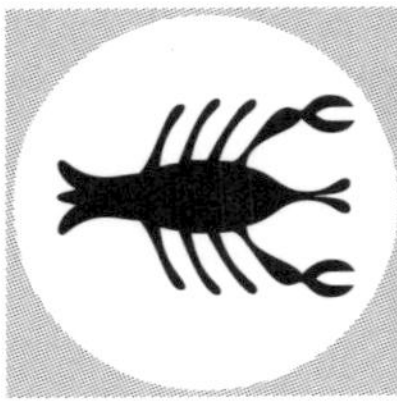

Krebs (22.6. bis 22.7.)
Du kannst deinem Temperament freien Lauf lassen. Hüte dich aber einen Dickkopf aufzusetzen; das könnte eine unverzeihliche Dummheit sein.

Löwe (23.7. bis 23.8.)
In den nächsten Tagen steht dir ein freudiges Erlebnis bevor. Das Schicksal meint es gut mit dir. Das ist aber kein Grund zur Überheblichkeit.

Jungfrau (24.8. bis 23.9.)
Halte an deinen guten Vorsätzen im Umgang mit Geld fest. Nur Hochstapler kennen keine Beherrschung.

Du weißt bereits, dass Substantive (Hauptwörter) großgeschrieben werden. Folgende Regeln können dir helfen, Substantive zu erkennen.

MERKE

Wie erkenne ich Substantive?

1. Substantive erkennt man am **Artikelwort** (das Haus, ein Gedanke, der Himmel, eine Wonne).
2. Die Endungen **-heit, -keit, -schaft, -nis, -sal, -ung, -tum** und **-ling** zeigen ein Substantiv an (Verwandtschaft, Neuling, Zeugnis, Eitelkeit).
3. Substantive können auch **zusammengesetzte Wörter** sein, und zwar
   – aus zwei oder mehreren Substantiven (Fußballspiel),
   – aus einem Substantiv und einem anderen Wort, wenn das Grundwort ein Substantiv ist.

   Beispiel:

   das **Blau** – **Licht**

   Blau ↓ Bestimmungswort – **Licht** ↓ Grundwort

   aber:

   himmel ↓ Bestimmungswort – **blau** ↓ Grundwort

AUFGABE **1**

Ordne die Substantive aus dem Horoskop nach folgendem Schema in dein Trainingsheft! Setze dabei vor jedes Substantiv den entsprechenden Artikel.

Substantive als ein Wort	Substantive mit den Nachsilben -heit, -keit, -sal …	Substantive als zusammengesetzte Wörter

AUFGABE 2

Fülle die Lücken dieses Textes mit einem bestimmten Artikel (der, die, das) oder einem unbestimmten Artikel (ein, eine, ein).

__________ Radtour

__________ Schülerinnen und Schüler __________ Klasse 8 c unternahmen __________ Radtour. __________ Ziel waren __________ Burgen in __________ Umgebung. Alle hatten __________ Fahrrad schwer bepackt. Bei Sonnenschein ging es mit heiterer Gelassenheit los. Bald wurde __________ Gruppe stiller. __________ Sonne brannte vom Himmel. __________ Durst wurde immer größer. __________ Mädchen hatte __________ Reifenpanne, __________ Junge stürzte vom Rad. __________ Stimmung wurde gedrückt. Um keine Mutlosigkeit aufkommen zu lassen legte __________ Gruppe __________ Ruhepause ein.

AUFGABE 3

Bilde zusammengesetzte Substantive und schreibe sie in dein Trainingsheft. Schreibe dann die Wörter in Gruppen auf, immer alle Wörter mit derselben Endung in eine Gruppe.

EIGEN	GRAF	EITEL	EINIG	RINN	SCHEU	FEIG	BÜCK
SCHAFT		KEIT		SAL		LING	
KÜHN	TOR	MANN	BÜRG	LAND	PRÜF	FREUND	GEMEIN
HEIT		SCHAFT		UNG		SCHAFT	
SCHICK	MÜH	BILD	ERLEB	IRR	SIECH	SAUBER	TAPFER
SAL		NIS		TUM		KEIT	
BRAUCH	EIGEN	SPER	ZÖG	IMPF	HEIZ	DUMM	GESUND
TUM		LING		UNG		HEIT	
ALTER	REICH	FRECH	KLUG	HEMM	ZEUG	LAB	TRÜB
TUM		HEIT		NIS		SAL	

AUFGABE 4

Bilde zusammengegesetzte Substantive und schreibe sie in dein Trainingsheft. Setze jeweils den Artikel davor.

Ballett	Kanne
Uhr	Mauer
Milch	Stamm
Löwen	Schuhe
Getreide	Korn
Ufer	Säule
Baum	Blatt
Auto	Stadt
Burg	Schlag
Plakat	Träger
Haupt	Zeiger
Titel	Maul
Blitz	Gespenst
Hosen	Heft
Diktat	Bahn

AUFGABE 5

Hier ist etwas durcheinander geraten. Schau was zusammenpasst und schreibe die Wörter richtig auf.

Kennschule	Grauspecht	Vielschrift
Leitzeichen	Rotmeise	Rückfraß
Fahrplanke	Buntkehlchen	Überweg

AUFGABE

6 Bilde zusammengesetzte Substantive und schreibe sie in dein Trainingsheft.

ein	Rad
rennen	Haus
treiben	Horn
vor	Sucht
weich	Stoff
edel	Maschine
selbst	Specht
hoch	Sicht
schleifen	Metall
bunt	Tor
eigen	Käse
blau	Licht

Test

AUFGABE

7 Den folgenden Text kannst du dir diktieren lassen oder du sprichst ihn auf eine Kassette. Du kannst ihn dann abhören und aufschreiben.

Die Nutzung der Windenergie

Die Kreuzfahrer haben auf ihren Zügen ins Morgenland die Windmühlen kennen gelernt. Heute baut man Windkraftanlagen, beispielsweise in den Bergen östlich von Los Angeles. In den Wüsten nahe dieser Stadt steigt die Luft durch Erwärmung auf. Kühle Luftmassen vom Meer strömen nach und nehmen ihren Weg über Gebirgspässe in das Landesinnere. Dabei erreichen sie Geschwindigkeiten von mehr als 80 km/h. So günstige klimatische Verhältnisse findet man nicht überall. Versuchsanlagen wurden in den letzten Jahren auch in den deutschen Mittelgebirgen aufgestellt. Es wäre aber ein Irrtum, wenn man glaubte, man könnte bei uns eines Tages die Versorgung mit elektrischem Strom durch die Windenergie bestreiten.

Substantivierte Verben

Altenstadt, den 15. September 1997

Lieber Frank,
gern denke ich an die mit dir verbrachten drei Wochen zurück. War das ein tolles Leben auf dem Bauernhof! Jeder Tag war ein Vergnügen! Das Herumstrolchen mit dem Hund Cäsar vermisse ich besonders. Und dein Können im Umgang mit allen Tieren werde ich noch lange bewundern.
Für das neue Schuljahr wünsche ich dir gutes Gelingen. Ich allerdings sehe der Schule mit gemischten Gefühlen entgegen. Zum Lernen fehlt mir noch die Lust. An das Sitzen und dieses ständige Pauken werde ich mich erst wieder gewöhnen müssen. Doch lautes Jammern hilft nichts – also packen wir es wieder an!

Mit den besten Grüßen

dein Patrick

MERKE

Substantivierte Verben

Verben werden großgeschrieben, wenn sie **als** Substantive gebraucht werden. Substantivierte Verben sind gekennzeichnet durch

1. ein Artikelwort (**das** Kochen, **ein** Vergnügen),
2. ein vorangestelltes Pronomen (**dein** Können, **ihr** Wohlergehen, **dieses** Strahlen),
3. vorangestellte Adjektive mit oder ohne Artikelwort (**ein gutes** Gelingen, **sicheres** Gewinnen),
4. eine vorangestellte Präposition (**zum** Gurgeln, **zum** Einreiben, **beim** Wandern).

AUFGABE 8

Ordne die substantivierten Verben aus dem Brief nach folgendem Schema in dein Trainingsheft. Schreibe dabei jeweils auch das Artikelwort, das vorangestellte Pronomen, das vorangestellte Adjektiv oder die vorangestellte Präposition mit auf.

substantiviertes Verb mit Artikelwort	substantiviertes Verb mit Pronomen	substantiviertes Verb mit Adjektiv	substantiviertes Verb mit Präposition

AUFGABE 9

Die eben gelernte Regel sollst du auf den folgenden Text anwenden. Hinter jedem substantivierten Verb befindet sich eine Klammer. In diese sollst du die zutreffende Ziffer aus dem Merkkasten einfügen. Beim Ausfüllen (4) der Klammern kannst du dein Können (2) beweisen.

– Ihr Schimpfen (   ) wird ihnen nichts nützen.

– Mit Zittern und Zagen (   ) hat er seine Prüfung bestanden.

– Gründliches Nachdenken (   ) und sorgfältiges Arbeiten (   ) führt rascher ans Ziel als gedankenloses Handeln (   ).

– Das Bellen (   ) des Hundes erschreckt den Dieb.

– Geistesgegenwärtiges Bremsen (   ) verhinderte schon manchen Unfall.

– Beim Schreiben (   ) musst du dich konzentrieren.

– Der hat ja keine Ahnung von Tuten und Blasen (   ).

– Das war ein Sausen und Brausen (   )!

– Warum denn in die Ferne schweifen, das Gute (   ) liegt so nah!

AUFGABE **10** Setze richtig ein. Schreibe die Sätze zur Übung in dein Trainingsheft.

singen/Singen

Unser ______________ erfreut die Zuhörer. Schönes ______________ ist ein Genuss. Kannst du nicht dein ______________ bleiben lassen? Kannst du gut ______________? Er störte die Nachtruhe der Anlieger durch lautes ______________.

denken/Denken

Manche Leute ______________ zu wenig. Schnelles ______________ führt zum Erfolg. Erst ______________, dann handeln! Beim ______________ will man nicht gestört werden. Ich werde an dich ______________.

spielen/Spielen

Wir ______________ im Garten. Die Kinder sind beim ______________. Willst du mit mir ______________? Hast du Lust zum ______________? Heute will ich mit meinen Freunden ______________.

wandern/Wandern

Das ______________ ist des Müllers Lust. Zum richtigen ______________ gehört festes Schuhwerk. Der Albverein geht am Sonntag ______________. Stetes ______________ hält dich fit und gesund. Beim ______________ haben wir schon viele schöne Erlebnisse gehabt.

ruhen/Ruhen

Lass mich jetzt bitte ______________. Das ______________ nach diesem anstrengenden Tag hat mit gut getan. Morgen gibt es für mich kein ______________ und kein ___asten. Hier können Sie gut ______________. Langes ______________ macht faul und bequem.

AUFGABE 11

An dieser Gedenktafel hat der „Zahn der Zeit" schon mächtig genagt. Setze an den verwitterten Stellen einen großen oder kleinen Buchstaben ein. Schreibe den Text zur Übung in dein Trainingsheft.

AUFGABE 12

Beim Computer der Gemeindeverwaltung funktioniert die Taste für die Großschreibung von Buchstaben nicht. Lies die folgende Bekanntmachung und schreibe sie richtig in dein Trainingsheft.

Gemeinde Ochsental
bekanntmachung

das grundstück oberhalb vom sportplatz wurde als eigentum der gemeinde ochsental erworben. die baugenehmigung zum errichten eines sportheims ist durch das landratsamt erteilt worden. der bauhof hat das gelände abgesteckt und gekennzeichnet. während des bauens ist das betreten des geländes für unbefugte verboten. bei zuwiderhandlung erfolgt anzeige. eltern übernehmen die haftung für ihre kinder.

um rasches verwirklichen des vorhabens zu gewährleisten werden die mitglieder des turn- und sportvereins gemeinschaftsarbeit leisten. die gemeindeverwaltung dankt für diese bereitschaft. erster Einsatz ist am 15. april 1997 um 8.30 uhr. geräte zum ausführen der erdarbeiten bitte mitbringen.

auf ein gutes gelingen!

wallkamm
bürgermeister

Unser Prospekt für Kenner

Südseezauber – etwas Exotisches

Wenn Sie das Besondere lieben, werden Sie dieses Angebot begrüßen. Es ist eine Reise ins Ungewisse. Es erwartet Sie ein Paradies, das Ihnen das Prächtigste bietet: strahlende Sonne, blinkendes Meer, freundliche Inselbewohner ... Diese Umgebung hat etwas Heiteres und Unbeschwertes.
Es sind einige Fahrten ins Blaue vorgesehen; das wird Ihnen einen unvergesslichen Eindruck vom Wundervollen der Südsee vermitteln. Wir werden stets unser Bestes tun um Ihnen den Aufenthalt angenehm zu gestalten.

MERKE

Substantivierte Adjektive

Adjektive werden großgeschrieben, wenn sie als Substantiv gebraucht werden.

Adjektive können auf folgende Weise zum Substantiv werden:
mithilfe eines Artikels (das Wunderbare),

mithilfe eines Pronomens (unser Wertvollstes),

mithilfe einer Präposition (aufs Geradewohl),

mithilfe einer unbestimmten Mengenangabe (viel Schönes).

AUFGABE 13

Ordne die substantivierten Adjektive nach folgendem Schema in dein Trainingsheft! Schreibe dabei jeweils auch das Artikelwort, das vorangestellte Pronomen, die vorangestellte Präposition oder das vorangestellte Numerale mit auf!

substantiviertes Adjektiv mit Artikelwort	substantiviertes Adjektiv mit Pronomen	substantiviertes Adjektiv mit Präposition	substantiviertes Adjektiv mit Numerale

AUFGABE 14

Robby bildet aus Adjektiven eine Fülle von Substantiven. Schreibe in dein Trainingsheft.

AUFGABE 15

Setze richtig ein. Schreibe die Sätze noch einmal in dein Trainingsheft.

arm/Arme

Wenn er zahlen muss, trifft es keinen ______________.

Besser ______________ und gesund, als reich und krank.

Er hat vielen ______________ geholfen.

schön/Schöne

Sabine kauft einen ______________ Sommerhut. Sie ist allem ______________ zugetan. Wir haben im Urlaub viel ______________ erlebt. Sei ______________ brav!

finster/Finstere

Das ______________ der Nacht bedrückt mich. Die ______________ Nacht wirkt unheimlich. Im ______________ fürchte ich mich. Im Keller ist es kalt und ______________.

Test

AUFGABE 16

Den folgenden Text kannst du dir diktieren lassen. Es ist aber auch möglich, dass du ihn auf eine Kassette sprichst. Du kannst ihn dann abhören und aufschreiben.

Kupfer aus Atacama

Getreidebau oder Viehzucht sind in dieser Wüstengegend nicht möglich. Dennoch haben die Menschen dort das Beste aus ihrer Lage gemacht. Die Kupfererze dicht unter der Erdoberfläche sind nämlich etwas Besonderes. Mit riesigen Löffelbaggern wird das Erz geschürft und in unförmigen Muldenkippern zu Kreiselbrechern, Stangen- und Kugelmühlen gebracht. Nach dem Zerkleinern wird das Kupfererz ausgewaschen. Während man das Gestein wegschüttet, kommt das Kupfererz in die Kupferhütte und wird zu reinstem Metall verarbeitet. Die Arbeiter müssen in Staub, Lärm und Hitze ihr Bestes geben. Es wird ihnen viel Mühe und Schweiß abverlangt. Dennoch tun sie etwas Wichtiges; Kupfer ist ein wertvoller Rohstoff für die Elektroindustrie.

8 Silbentrennung

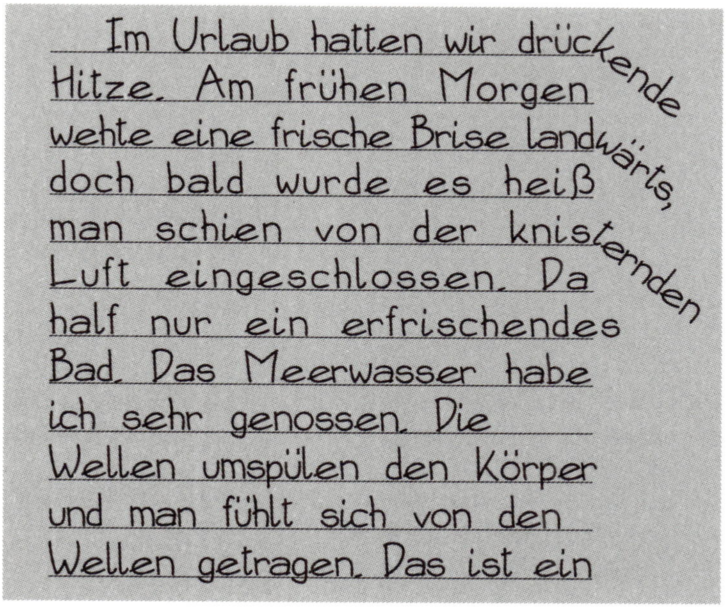
Im Urlaub hatten wir drückende
Hitze. Am frühen Morgen
wehte eine frische Brise landwärts,
doch bald wurde es heiß
man schien von der knisternden
Luft eingeschlossen. Da
half nur ein erfrischendes
Bad. Das Meerwasser habe
ich sehr genossen. Die
Wellen umspülen den Körper
und man fühlt sich von den
Wellen getragen. Das ist ein

Hier siehst du eine Seite aus Alexandras Aufsatzheft. Sie hat einen flüssigen Schreibstil, doch die über die Zeilen geschriebenen Wörter stören das Gesamtbild. Alexandra hat offenbar Schwierigkeiten mit der Silbentrennung. Lies die folgenden Regeln, dann kannst du ihr helfen.

MERKE

Trennen

Man trennt Wörter am Zeilenende:

1. In der Wortfuge kann immer getrennt werden.
   Beispiele: Spiel-zeug, ab-springen
2. Man trennt Wörter meistens, wie sie sich bei langsamem Vorlesen in Silben zerlegen lassen.
   Beispiele: Vor-der-pfo-te, aus-pa-cken, Pap-pe, müs-sen.

Beachte:
Einzelne Vokale dürfen auch getrennt werden.
Beispiele: A-bend, I-dee

Nicht getrennt werden dürfen ck, ch, sch, ph, rh, sh, th
Beispiel: Zu-cker, su-chen, Geo-gra-phie
Aber: st darf getrennt werden
Beispiele: meis-tens, Kies-las-ter, der Nächs-te

Manche Wörter haben zwei Trennmöglichkeiten.
Beispiele: dar-um, da-rum; hin-auf, hi-nauf

AUFGABE 1

Gib jetzt Vorschläge zum Trennen der Wörter **drückende, landwärts** und **knisternden.** Schreibe sie in dein Heft.

AUFGABE 2

Der folgende Text soll in die Schülerzeitung aufgenommen werden. Damit sich beim Spaltendruck kein Silbentrennfehler einschleicht, schreibe den ganzen Text in Silben getrennt in dein Trainingsheft.
Wichtig ist, dass du die einzelnen Wörter langsam vorliest. So findest du die richtige Silbentrennung am sichersten.

Gerdas Sieg

Es war ein kalter Morgen. Unsere Schulmannschaft fand sich dennoch pünktlich auf dem Sportplatz ein. Die gegnerische Mannschaft aus Adorf war schon da. Nach einem ersten Warmlaufen wurden die Startnummern vergeben. Gerda zog die Fünf. Dann zeigte sie ihr Können an den Hürden, sie lief nicht, sie flog beinah. Verdientermaßen errang sie den ersten Platz. Petra, ihre hartnäckigste Konkurrentin, blieb um zwei Zehntel abgeschlagen. Petra meinte, dass sie Pech beim Starten hatte. Diese Zehntelsekunden will sie das nächste Mal hereinholen ... Es ist ein beglückendes Gefühl, dass unsere Schule fast doppelt so viele Urkunden errungen hat wie die Gegner aus Adorf.

Getrennt- und Zusammenschreibung

Wörter werden normalerweise getrennt geschrieben. Das gilt auch für Wörter, die eng aufeinander bezogen sind. Zusammenschreibungen sind die Ausnahme. Diese Ausnahmen musst du dir merken. Der folgende Text und die Regeln stellen dir einige dieser Ausnahmen vor.

50 Jahre Bergführer

In den letzten Tagen feierte Sepp Oberkofler sein 50-jähriges Bergführerjubiläum. Er ist als **einmaliges** Orginal bekannt. Zeitig am Morgen kommt er zum Sammelplatz. Durch **jahrelange** Erfahrung weiß er, dass er zuerst das Schuhwerk und die Kleidung seiner Schützlinge prüfen muss. Er will sicher sein, dass alle eine **wetterfeste** Ausrüstung haben; denn in den Bergen kann es überraschend **nasskalt** werden. Den **wissbegierigen** Teilnehmern gibt es schnurrige Ratschläge und auf **dummdreiste** Fragen eine **schlagfertige** Antwort. Es ist **aufschlussreich,** ihm bei der Inspektion der Teilnehmer zuzusehen. Sepp wählt stets einen Aufstieg, den alle bewältigen können. Erst nach **mehrstündigem** Marsch ist das angesteuerte Ziel, sein geliebtes Sonnenhorn, erreicht. Die Rast unter dem Gipfelkreuz entschädigt für alle Mühen. Gegen den **sattblauen** Himmel erscheint das Bergpanorama majestätisch. Sepp erzählt dabei **humorvoll** von seinen Bergerlebnissen – ob Dichtung oder Wahrheit, wer weiß das schon?

MERKE

Getrennt- und Zusammenschreibung

Wörter werden getrennt geschrieben.
Beispiele: Rad fahren, sitzen bleiben, wie viel

Von dieser Regel gibt es aber einige Ausnahmen:

1. Zusammengeschrieben wird, wenn einer der Bestandteile des Wortes nicht als selbstständiges Wort vorkommt.
   Beispiele: einfach → fach allein gibt keinen Sinn und ist kein selbstständiges Wort
   redselig → red allein gibt keinen Sinn und ist kein selbstständiges Wort
   mehrmals → mals allein gibt keinen Sinn und ist kein selbstständiges Wort

2. Gleichrangige Adjektive schreibt man zusammen. Oft gibt dabei der erste Bestandteil die genauere Bedeutung des zweiten an.
   Beispiele: graublau
   bitterböse
   blassgrün

3. Wortverbindungen, deren erster Teil für eine Wortgruppe steht, werden zusammengeschrieben.
   Beispiele: taghell → hell wie der Tag
   pechschwarz → schwarz wie Pech
   hauchzart → zart wie ein Hauch

AUFGABE

1 Schreibe die im vorigen Zeitungsbericht **fett gedruckten** Wörter nach folgendem Schema in dein Trainingsheft.

Regel 1	Regel 2	Regel 3

Getrennt- und Zusammenschreibung – Robby

AUFGABE 2

Robby fasst die folgenden Ausdrücke zu einem Wort zusammen. Schreibe seine neuen Wörter auch in dein Trainingsheft.

hoch wie ein Turm
blau wie der Himmel
alt wie ein Stein
hart wie Stahl
scharf wie ein Messer
weiß wie Schnee
breit wie ein Fuß
leicht wie eine Feder
klar wie Glas
dick wie eine Faust
dumm wie Stroh
kalt wie Eis
grün wie Gras
schnell wie ein Pfeil
weich wie Butter
dürr wie eine Spindel
fromm wie ein Lamm
rot wie Blut
trocken wie Pulver
dünn wie ein Hauch
rund wie eine Kugel
lang wie eine Elle
schön wie ein Wunder
schlank wie eine Gerte

AUFGABE 3

Bilde aus den folgenden Bausteinen zusammengeschriebene Adjektive! Schreibe sie in dein Trainingsheft.

lau
tief
süß
dunkel
bitter
alt
neblig
zart

blau
gliedrig
kalt
trüb
warm
rot
ehrwürdig
sauber

Test

AUFGABE 4

Folgenden Text kannst du dir von jemand diktieren lassen. Es ist aber auch möglich, dass du ihn auf Kassette sprichst. Du kannst ihn dann abhören und aufschreiben.

Deutsche Mannschaft gewann Turnier der Springreiter

Der Ausgang des diesjährigen Herbstturniers war ungewiss. Nach jahrelangen Misserfolgen ging die deutsche Mannschaft an den Start. Auf regennasser Bahn sind die deutschen Springer zunächst langsamer vorangekommen als erwartet. Dennoch war zu sehen, dass die Pferde und Reiter von Anfang an sehr konzentriert waren. Um die lange und schwierige Bahn zu meistern und den Wettkampf durchzustehen musste jeder all sein Können zeigen. Dieses vorsichtige und gleichzeitig zielstrebige Verhalten half Fehler zu vermeiden. Strahlend zeigte sich die deutsche Mannschaft nach dem Turnier.

10 Zeichensetzung

Satzzeichen am Schluss von Ganzsätzen

Einen vollständigen Satz muss man als Einheit erkennen können. Der Leser hätte sonst große Schwierigkeiten beim Lesen des Textes. Man beginnt einen Satz mit einem großen Buchstaben und schließt ihn mit einem Satzschlusszeichen (Punkt, Ausrufezeichen, Fragezeichen) ab.

MERKE

Satzschlusszeichen

1. Mit dem Punkt kennzeichnet man den Schluss eines Ganzsatzes.
   Beispiel:
   Gestern hat uns Tante Gisela besucht.
2. Mit dem Ausrufezeichen gibt man dem Inhalt eines Ganzsatzes einen besonderen Nachdruck. Das Ausrufezeichen kennzeichnet eine Aufforderung.
   Beispiel:
   Vergiss nicht das Licht zu löschen!
3. Mit dem Fragezeichen wird ein Ganzsatz als Frage gekennzeichnet.
   Beispiel:
   Darf ich dich einmal besuchen?

AUFGABE 1

Schreibe folgenden Telegrammtext in dein Trainingsheft und setze die entsprechenden Zeichen am Ende eines Satzes.

TELEGRAMM

HEUTE GING DIE BESTELLTE SENDUNG AB DIE ZUSTELLUNG ERFOLGT PER BAHNFRACHT BITTE VORSICHT BEIM AUSPACKEN BEACHTEN SIE DABEI DIE BEIGEFÜGTE ANLEITUNG TRANSPORTSCHÄDEN SIND INNERHALB VON DREI TAGEN NACH ERHALT ZU MELDEN WANN DÜRFEN WIR MIT IHRER NÄCHSTEN BESTELLUNG RECHNEN

Zeichensetzung bei Gliedsätzen

MERKE

Komma bei Gliedsätzen

1. Gliedsätze werden durch ein Komma getrennt.
   Beispiel:
   Ich benötige einen Schirm, weil es heute regnet.
2. Wenn ein Gliedsatz in der Mitte eines Satzes steht, steht vor und hinter dem Gliedsatz ein Komma.

   Relativpronomen wie: der, die, das, welcher, welche, welches leiten einen Gliedsatz ein.
   Beispiel:
   Das Haus, das einen grünen Anstrich hat, gehört meiner Tante.

   Konjunktionen leiten einen Gliedsatz ein: weil, da, sodass, obwohl, ob, wie ...
   Beispiel:
   Ich werde heute, weil es in Strömen regnet, den Schirm mitnehmen.

AUFGABE 2

Bilde aus den folgenden Satzpaaren jeweils einen Satz mit eingeschobenem Relativsatz. Schreibe sie in dein Trainingsheft.

1. Das Hochhaus steht am Stadtrand. Es ist 36 m hoch.
2. Mutter freut sich sehr über den Blumenstrauß. Er ist aus Feldblumen gebunden.
3. Das Buch ist interessant. Klara liest es gerade.
4. Der Ballon gewinnt an Höhe. Er trägt bunte Reklame.
5. Das Auto wird repariert. Es ist gestern stehen geblieben.

AUFGABE 3

Verbinde Satz 1 und Satz 2 jeweils durch eine sinnvolle Konjunktion! Dabei kommt es beim Gliedsatz zu Umstellungen: Die Katze klettert auf den Baum, da sie verfolgt wird. Schreibe die Sätze in dein Trainingsheft.

Satz 1	Konjunktion	Satz 2
Die Katze klettert auf den Baum.	da dass	Sie wird verfolgt.
Alexandra läuft durch den finsteren Wald.	nachdem ob obwohl	Sie fürchtet sich.
Peter weint.	sodass während	Er hat sich das Knie verletzt.
Tina geht in die Schule.	weil wenn	Sie hat Kopfweh.
Christine geht zum Arzt.	wie	Sie fühlt sich krank.
Klaus hofft.		Er verpasst den Zug nicht.

Zeichensetzung bei Reihungen

MERKE

Komma bei Reihungen

Eine Reihung entsteht, wenn Gliedteile, Satzglieder oder Sätze aneinander gereiht werden. Die Reihung kann durch eine Konjunktion (und, oder ...) bzw. durch ein Komma gekennzeichnet werden.

Beispiele:
Katja, Sonja, Klaus und Jens gehen zur Schule.

Die Sonne scheint und im Garten werden die ersten Erdbeeren reif.
Die Sonne scheint, im Garten werden die ersten Erdbeeren reif.

AUFGABE

4 Lies folgenden Text! Du findest hier Reihungen, bei denen die Konjunktion **und** viel zu oft verwendet wurde. Schreibe daher den Text mit entsprechenden Satzzeichen in dein Trainingsheft.

Mutter und Vater und Oma und meine Schwester haben mir eine neue Schultasche geschenkt. Ich packe das Lesebuch und das Rechenbuch und das Sprachbuch und das Mäppchen und alle meine Hefte in den Ranzen. Am ersten Tag nach den Ferien haben wir Mathematik und Englisch und Sport und Erdkunde. Ich komme vor der Schule an und die Schulglocke läutet und der Hausmeister schaut mich vorwurfsvoll an. Im letzten Augenblick husche ich in die Klasse und schon kommt unsere neue Lehrerin und begrüßt uns schneidig.

Wörtliche Rede

MERKE

Satzzeichen bei der wörtlichen Rede

Anschaulich wird ein Text durch wörtliche Rede. Was wörtlich wiedergegeben wird, ist durch Anführungszeichen zu kennzeichnen („…“). Oft steht bei der wörtlichen Rede ein Begleitsatz. Hier sind drei Fälle zu unterscheiden:

1. Der Begleitsatz ist vorangestellt. Nach dem Begleitsatz steht ein Doppelpunkt.
   Beispiel:
   Die Mutter rief: „Komm schnell zu mir!“
2. Der Begleitsatz ist nachgestellt. Dabei wird der Begleitsatz durch ein Komma abgetrennt.
   Beispiel:
   „Ich komme nicht vom Baum herunter!“, rief Tanja.
3. Der Begleitsatz ist eingeschoben. Dabei wird der Begleitsatz vorn und hinten durch ein Komma abgetrennt.
   Beispiel:
   „Ich komme“, rief Tanja, „nicht vom Baum herunter!“

AUFGABE **5**

Setze im folgenden Text die fehlenden Satzzeichen! Schreibe den Text in dein Trainingsheft.

Der aufgeblasene Frosch

Ein Frosch hockte bei seinen Kindern im Sumpf, als er einen Ochsen erblickte, der am Ufer sein Futter suchte. Da wollte er auch so groß sein und blies sich auf, so stark er nur konnte. Bin ich nun so groß wie der Ochse fragte er. Nein antworteten die Kinder. Da blies sich der Frosch noch stärker auf und fragte abermals Bin ich jetzt so groß – Noch immer nicht antworteten die Kinder. Da blies der Frosch sich mit solcher Gewalt auf, dass er zerbarst.

(Äsop)

Hinweise zur neuen Rechtschreibung: Die wichtigsten Neuerungen

Stammprinzip
Der Wortstamm wird in allen Wörtern einer Wortfamilie gleich geschrieben: Bändel (zu Band), nummerieren (zu Nummer), platzieren (zu Platz).
Bei Zusammensetzungen bleibt der Wortstamm erhalten. Dies kann zu drei gleichen Konsonanten führen: Brennnessel, Balletttänzer, Stofffetzen.

s-Laute
ss statt ß nach kurzem Vokal: Kuss, Hass, er lässt, sie muss; Konjunktion dass.
Aber: ß bleibt nach langem Vokal oder zwei Vokalen erhalten: Maß, beißen, Fuß

Silbentrennung
Trennung ist nach Sprechsilben oder Wortfugen möglich: da-rauf, dar-auf
st ist trennbar: Wes-te, Kas-ten
ck wird nicht mehr getrennt: Zu-cker, Ba-cke
Einzelne Vokale sind abtrennbar: U-fer, A-horn

Groß- und Kleinschreibung
Substantive werden in Verbindung mit einer Präposition oder einem Verb generell großgeschrieben: in Bezug auf, im Grunde, Rad fahren, Tennis spielen
Tageszeiten werden in Verbindung mit heute, (vor)gestern oder (über)morgen großgeschrieben: heute Mittag, gestern Abend
In festen Verbindungen gilt Kleinschreibung: die erste Hilfe, das schwarze Brett
Die vertraulichen Anredefürwörter du und ihr werden (auch im Brief) kleingeschrieben.

Getrennt- und Zusammenschreibung
Getrenntschreibung ist der Normalfall: Halt machen, sitzen bleiben, zueinander finden, wie viel

Fremdwörter
Vereinfachte Schreibung bei Fremdwörtern mit bestimmten Lautkombinationen ist erlaubt: Nougat/Nugat, Geographie/Geografie, Ketchup/Ketschup.

Zeichensetzung
Mit „und" und „oder" verbundene Hauptsätze müssen nicht mehr durch ein Komma getrennt werden: Er kam(,) und sie ging.
Beim erweiterten Infinitiv mit zu und bei Partizipkonstruktionen muss kein Komma mehr gesetzt werden. Um schneller in die Schule zu kommen (,) nahm er den Bus.
Ausnahme: hinweisendes Wort oder Wortgruppe: Daran, das Auto länger zu behalten, dachte sie nicht.